Bodo Niggemann

Der Alltags-Anankast

Mit 30 Zeichnungen von Lars Preisser

SPICA

VERLAG GMBH

www.spica-verlag.de

© Spica Verlag GmbH
1. Auflage, Februar 2021

Zeichnungen von Lars Preisser

Autor: Bodo Niggemann
Für den Inhalt des Werkes zeichnet sich der Autor selbst verantwortlich.
Die Handlung und die handelnden Personen sind frei erfunden, Ähnlichkeiten
mit lebenden Personen wären zufällig und sind (un)beabsichtigt

Gesamtherstellung: Spica Verlag GmbH

Printed in Europe
ISBN 978-3-946732-94-5

Für alle Detailverliebten

Inhalt

Prolog

Guten Tag, liebe Leser*innen, mein Name ist Anan K.. Pssst, meinen Nachnamen behalte ich für mich – ich weiß ja gar nicht, wer mir da in die Seiten blickt …

Ich bin Alltags-Anankast! Klingt Ihnen das gefährlich oder gar wie eine Drohung? Haben Sie Vorurteile? Oder möchten Sie mich – da Sie dieses Büchlein ja bewusst in die Hand genommen haben – vielleicht doch ein klein wenig kennenlernen und am Ende sogar verstehen?

Anankasten im medizinischen und engeren Sinne sind arme Menschen mit einer Zwangsstörung, die sich beispielsweise ständig waschen müssen und dies nicht einfach abschalten können. Sie haben keine Wahl, sich für ein anderes Verhalten zu entscheiden. Diese Menschen leiden unter einer psychiatrischen Erkrankung, die einer Behandlung bedarf und die mit mir und meinen kleinen Besonderheiten nichts zu tun hat. Ich bin eigentlich ein ganz normaler Mensch, möchte aber meine Umgebung bewusst wahrnehmen und durchdringen, um meine Handlungen und Reaktionen überlegt darauf einstellen zu können.

Ich weiß übrigens gar nicht, wann das mit dem Alltags-Anankasmus bei mir angefangen hat. Ich bin mir nur sehr sicher, dass es mehr als eine liebgewordene Angewohnheit ist. Mir wird zunehmend bewusst, dass es um eine Bestimmung geht, die wahrscheinlich schon bei Geburt angelegt war und nach einer lebenslangen Entwicklung ruft.

Ich habe oft erfahren, dass die Reaktionen meiner Mitmenschen auf meine Systeme und Prinzipien sehr unterschiedlich ausfallen können und von Worten wie „Spinnerei" über „Zeitverschwendung" bis hin zu anerkennender Erkenntnis eigener Schwächen reichen können. Viele Menschen meinen, Sie würden – zumindest in Teilen – ähnlich empfinden und sich in meinen Beschreibungen wiederfinden. Vielleicht gehören Sie ja auch dazu. Das akzeptiere ich aber nicht, da es nicht um „ein bisschen" geht, sondern um die Verinnerlichung einer wohl überlegten Grundhaltung.

Da Sie durch meine unzulänglichen Erklärungsversuche bisher wahrscheinlich nicht viel schlauer geworden sind und bevor ich Details verrate, möchte ich Sie herzlich einladen, mich einfach einen Tag in meinem Leben zu begleiten!

Badezimmer

Ring – auch bei mir ist das Erste, mit dem sich ein neuer Tag in mein Leben drängelt, das Klingeln des Weckers …

Leider bin ich ein Morgenschläfer, so dass ich mich nicht sofort aus dem Bett katapultiere. Dafür kann ich mich beim langsamen Ins-Leben-gesogen-Werden schon auf mein Eldorado freuen – das Badezimmer. Dies ist allerdings der Bereich, in dem es leicht zu Konflikten mit meiner Umgebung kommen kann, mit der ich ihn ja teilen muss. Eine zeitliche Trennung der Benutzung kann dabei – auch wenn man über ein doppeltes und damit eigenes Waschbecken verfügt – als vorbeugende Maßnahme hilfreich sein.

Aber nun muss ich zur Sache kommen und in einige Details einsteigen: Also – ich würde nie eine Zahnpastatube, die auf den Kopf gestellt werden möchte, damit der Inhalt (der Schwerkraft folgend) bereits beim leichten Drücken sofort und wohldosiert auf die Zahnbürste abgegeben werden kann, irgendwo halb ausgedrückt hinlegen, wo sie für jede Benutzung erst mühsam ausgewrungen werden muss. Statt eine zunehmend zerknitterte und gefaltete Zahnpastatube zu ertragen, lasse ich nach jeder Zahnpasta-Entnahme (unter leichtem Druck auf die stabile Seite) Luft in die Tube, um für die nächste Entnahme perfekt vorbereitet zu sein und eine ungetrübte Tuben-Optik zu garantieren.

Tuben aus Metall, die bei medizinischen Salben immer noch Verwendung finden, erinnern mich zwar angenehm an die „ausgesogenen" Kunstobjekte von Ewert Hilgemann, aber während seine großen Skulpturen einen gewünschten Effekt mit erstaunlicher Ästhetik ergeben, verhindere ich bei Metalltuben eine bizarre, abgeplattete bis bananenförmige Gestalt, indem ich sie schrittweise und mit Liebe streng parallel zum Falz eng umknicke und so der schwindenden Füllmenge anpasse.

Nur angedeutet zugedrehte Zahnpastatuben sind für mich ein Graus. Unausweichliche Folgen solcher Respektlosigkeit sind nicht nur – wie der Schiefe Turm von Pisa – schräg angekantet, labil und wacklig auf dem Waschtisch stehende Tuben, sondern auch, dass das Gewinde mit angetrockneter Zahnpasta verklebt und dadurch harte Krümelchen entstehen, die sich über die Zahnbürste mit Fremdkörpergefühl in meinen Mund hineinschummeln. Meine Mitmenschen hingegen scheinen es darüber hinaus ungerührt in Kauf zu nehmen, wenn trockene Zahnpasta-Halb- oder Dreiviertelringe verworfen werden müssen – was für mich Schlamperei, Zumutung und Verschwendung zugleich bedeutet.

Zahnpastatuben stelle ich mit einem leichten Klopfen auf den Waschtisch zurück, damit der geschrumpfte Inhalt nachsacken kann. Dabei kann ich in idealer Weise üben, den Füllungszustand der Tuben durch das Geräusch beim Aufsetzen des Deckels der hochkant stehenden Tuben zu beurteilen. Wird doch mit zunehmender Leerung der Klang tiefer und hohler, während er anfangs durch ein helles Klicken gekennzeichnet ist.

So kann ich auch bei neben mir Stehenden eine Abschätzung des Füllzustandes vornehmen, ohne deren Tube in die Hand nehmen zu müssen. Fragen Sie jetzt bitte nicht, ob das irgendeine praktische Bedeutung hat! Es geht darum, die Umgebung hellhörig wahrzunehmen.

Bei unterschiedlichen Zahnpasten für morgens und abends berücksichtige ich die Farbe der Tuben, in dem ich beispielsweise eine rote Tube links für Backbord und eine grüne Tube rechts für Steuerbord aufstelle. Süddeutsche Leser*innen mögen bitte ein entsprechendes Pendant wählen … Für andere Farbkombinationen der Tuben müssen andere Richtschnüre gefunden werden. Spätestens jetzt werden Sie sich wahrscheinlich nicht mehr wundern, dass ich beim Zurückstellen der Zahnpastatube das Hauptschild stets nach vorne drehe.

Wenn ich erst sehr spät, beispielsweise gegen 4 Uhr morgens, ins Bett gehen sollte, was hoffentlich nicht mehr oft vorkommen möge, entsteht die leicht verzwickte Entscheidungssituation, ob dann „noch" die Abendzahncreme oder „schon" die Morgenzahncreme an der Reihe ist. Diese Entscheidung fälle ich meist zugunsten der Abendzahncreme, da es mir bei der Wahl der Zahnpasta nicht um eine bestimmte Tages- oder Nachtzeit geht, sondern um die Benutzung vor oder nach dem Nachtschlaf – egal wann der stattfindet und wie lange er währt. Kleine Randbemerkung: Dass ich eine Nacht ganz durchmache und damit eine Tube auslassen muss, kommt altersentsprechend nicht mehr vor …

Viele Menschen reinigen ihre Zahnputzbecher und erst recht hoffentlich Zahnputzgläser regelmäßig in der Geschirrspülmaschine, um Kalkreste zu entfernen, die beim häufigen Hineinstellen der Zahnbürsten durch herunterlaufendes Wasser entstehen – vor allem in Regionen mit sehr hartem Wasser. Ich bevorzuge ein vorbeugendes Verhalten, indem ich stets meine Zahnbürste (vor allem am Stiel) kurz abtrockne, bevor ich sie in den Becher zurückstelle.

Bevor Sie jetzt denken, mein Leben besteht vornehmlich aus Zähneputzen, wechseln wir das Thema und gehen duschen. In der Duschkabine „enttörne" ich zunächst den wahrscheinlich wieder verdrehten Duschschlauch. Mit diesem wunderschönen Verb entlarve ich mich erneut als Norddeutscher ...

Ich bevorzuge – in vielleicht altmodisch anmutender Weise – nach wie vor ein Stück Seife statt eines Duschgels. Hygienische Bedenken wische ich mit dem Argument vom Waschtisch, dass es sich in meinem Haushalt nicht um einen öffentlichen Raum handelt.

Bei der Verwendung von Seifenstücken offenbaren sich physikalische Gesetze, die Duschgel-Benutzern auf ewig vorenthalten bleiben müssen. Selbst runde oder ovale, aber vor allem rechteckige Stücke Seife „verländlichen" mit der Benutzung unwillkürlich ihre Form. Diese Tendenz wird dann beim wiederholten Durchflutschen durch die Hände stetig und einseitig verstärkt.

Ich nehme die plumpen Versuche der Seife, mich auf diese Weise zu ärgern, natürlich nicht widerstandslos hin und bemühe mich permanent, gegen die Physik und für eine zielgerichtete Abnutzung zu kämpfen. Dies erfordert eine aktive, erschwerte und gegen die Flutschneigung der Seife gerichtete Benutzung des Seifenstückes. Der Erfolg meiner Bemühungen ist, dass mit dieser Technik das Seifenstück länger dickbäuchig bleibt und es nicht so schnell durch die Gitterstäbe meines metallenen Seifenhalters rutschen kann.

Natürlich achte ich darauf, dass ein Stück Seife nach dem durchfeuchtenden Gebrauch während des Duschens rasch wieder trocknen kann, weil eine weiche oder gar aufgeweichte Seife schneller aufgebraucht wird als eine durchgetrocknete, harte Seife. Ich vermeide aus diesem Grunde auch breitbasige Auflageflächen und erst recht geschlossene Seifendosen.

Ein eckiges Seifenstück stelle ich bis zur nächsten Benutzung so lange wie möglich auf der schmalsten Seite ab – dort, wo die Kontaktfläche am kleinsten ist und gleichzeitig die größte Fläche zum Trocknen erreicht wird. Rundlich abgeplattete Seifen würde ich hochkant an die Duschwand lehnen. Vorsicht Rutschgefahr: Ein kritischer Winkel darf dabei nicht überschritten werden!

Die erwähnten Argumente für eine optimale Trocknung der Seife sind ein weiterer Grund, weshalb ich Seifenhalter aus Gitterstäben bevorzuge, welche eine geringe Auflagefläche und eine gute Belüftung von allen Seiten ermöglichen.

Seifenstücke kaufe ich reichlich im Voraus (ohne an den Bestellungs-Wahnsinn aus Loriots „Papa ante portas" herankommen zu wollen), damit die Seife bis zum Einsatz länger gelagert und somit trockener bzw. härter und die Lebensdauer erhöht wird. Den Verlust von Geruchsstoffen über die Zeit minimiert die Industrie durch eine Innenverpackung.

Unter der Dusche wasche ich mich in einer vorbestimmten Reihenfolge, nämlich im wörtlichen Sinne von Kopf bis Fuß. Ehe Sie mich dafür belächeln, beziehe ich Sie mit einer kleinen Gegenfrage ein: Passiert es Ihnen nicht auch manchmal, dass Sie beim Träumen unter der verführerischen heißen Dusche nicht mehr sicher sind, ob Sie einzelne Körperpartien bereits gewaschen haben oder nicht und dann sicherheitshalber diese ein zweites Mal waschen (müssen)? Oder gehören Sie zu denen, die sich das Träumen aktiv verbieten, nicht, weil Sie so rational sind, sondern um auf keinen Fall Wasser zu verschwenden, und dann auch noch heißes?

Nachdem ich fertig geduscht habe, federe ich wenige Mal auf und ab, um Wasser von mir abzuschütteln und auf diese Weise die

Handtücher beim Abtrocknen weniger nass werden zu lassen. Dabei wackele ich schüttelnd auch am Duschvorhang, damit überschüssiges und leicht entfernbares Wasser rasch und Kalkflecken-verhindernd dem Ausguss zufließen kann.

Vor dem „Aus-der-Dusche-Treten" achte ich darauf, dass der Duschvorhang so zurückgelassen wird, dass er möglichst schnell und vollständig trocknen kann. Im Falle eines Duschvorhangs mit Vorhangstange schiebe ich die Ringe zu identischen Abständen zusammen bzw. auseinander. Ein Aneinanderkleben von nassen Duschvorhangfalten könnte ja ein Schimmelpilzwachstum begünstigen.

Dies gilt in Analogie natürlich genauso für Duschkabinen mit Schiebetüren, die ich nur so weit zu gleichmäßigen Abständen zusammenschiebe, dass ein Kompromiss zwischen der Luftzirkulation innerhalb der halb zusammengeschobenen Schiebetürteile und einer ausreichenden Lüftung zum Trocknen der Duschkabine insgesamt ermöglicht wird.

Bei einer Duschkabine, die aus Glaswänden oder Fliesen besteht, kommt nach jedem Duschen ein Schaber zu Einsatz, mit dem ich die Wände (und den Boden) der Dusche vom größten Teil des zurückgebliebenen Wassers befreie und so vor potentiellen Kalkresten nach dem Trocknen schütze, obwohl mir dabei schmerzlich bewusst wird, dass ich mit dieser Aktion die Grenze zu typisch deutschem Spießertum zumindest streife.

Im selben Dilemma befinde ich mich bei der sehr subjektiven Frage, wie viele Haare ich in einem Flusensieb der Dusche ertrage. Jedes Haar einzeln zu entfernen würde auch ich als nicht adäquat empfinden. Beschreibungen vom umgekehrten Extrem davon erspare ich Ihnen jetzt.

Etwas spannender ist ein zentrales Thema in jedem Badezimmer – die Handtücher. Ein Handtuch ist üblicherweise rechteckig und besitzt vier Ecken. Rechnet man ein, dass beide Seiten verwendet werden können, ergeben sich acht verschiedene Möglichkeiten, ein Handtuch zu halten und zu benutzen. Bei einem in der Regel länglichem Handtuch reduzieren sich die Möglichkeiten aus ganz praktischen Gründen wieder auf vier Positionen, da eine „Längsbenutzung" physikalisch schwierig bis unmöglich und damit wenig zweckdienlich ist.

Persönlich denke ich bei der Systementwicklung einer Handtuchbenutzung weniger an die platte Unterteilung von Kopf und Fuß, d. h. einen saubereren und einen weniger saubereren Teil des Handtuchs – schließlich trocknet man sich ja in der Regel nur in frisch gereinigtem Zustand ab. Es kommt mir vielmehr auf das Rotationsprinzip für eine gleichmäßige Benutzung und Abnutzung des Stoffes an. Bitte überraschen Sie mich gerne mit einem Vorschlag für ein anderes Prinzip!

Nach dem Duschen trockne ich mich in einer gleichbleibenden, vorgeplanten Weise ab. Die Reihenfolge des Abtrocknens und die Art der Haltung sowie des Drehens des Handtuchs sind dabei so konzipiert, dass mein Handtuch beim Zurückhängen auf den Ständer oder die Stange automatisch in eine Position kommt, die beim nächsten Herunternehmen eine Rotation um eine der vier möglichen Positionen garantiert.

Dabei benutze ich als Orientierungshilfe, aber auch gern als Kontrolle den Aufhänger, der bei meinen Handtüchern an einer Ecke einer Naht angebracht ist. Damit weiß ich, dass bei der Abnahme von der Handtuchstange jeden zweiten Tag der Handtuchhaken oben bzw. unten und alle vier Tage nach innen bzw. außen zeigt.

Dieses System der Handtuchaufhängung kann ich praktischerweise mit anderen Gewohnheiten oder rituellen Abläufen kombinieren, wie beispielsweise dem alle zwei Tage stattfindenden Haarewaschen. So signalisiert die Stellung des Aufhängers, dass an bestimmten Tagen das Haarewaschen an der Reihe ist.

Wie gehe ich jedoch damit um, dass ich jede Woche, also alle 7 Tage, das Handtuch wechsele, es aber 4 bzw. 8 Möglichkeiten der Benutzung gibt? Stelle ich dann sicher, dass mein System durch Übertragen der Position auf das neue Handtuch weiter funktioniert? Oder kann ich vielleicht diese unverhofft gegebene Freiheit aktiv akzeptieren oder zumindest als einen hinzunehmenden Kollateralschaden bestehen lassen?

Für den Fall, dass ich nur eine Nacht verreist bin, verwende ich – wieder zuhause angekommen – das Handtuch an diesem Tag noch einmal in derselben Position, um die Wochen-Reihenfolge nicht durcheinanderzubringen.

Beim Aufhängen eines Handtuchs über eine Stange achte ich darauf, dass das Handtuch nicht nur geradegerückt und glattgestrichen wird und sich so akkurat dem Betrachter präsentiert, sondern ich möchte damit erreichen, dass das Handtuch ökonomischer trocknen kann als bei sorgloser, faltig übereinander geworfener Achtlosigkeit. Als zusätzliche Belohnung weist das Handtuch bei der nächsten Benutzung keine Knitter auf.

Handtücher, die an einem Haken aufgehängt sind, befreie ich rasch aus ihrer verdrehten, verzweifelten und schmerzenden Lage, in die sie ignorante Mitmenschen im gemeinsamen Haushalt gezwungen haben.

Etwas weitergehende – für Sie hoffentlich nicht abstrus anmutende – Überlegungen stelle ich nach der Benutzung eines Wasserhahns an, wenn ich die Mischarmatur stets auf die Kaltstellung zurückdrehe, damit beim folgenden Einsatz nicht zuerst warmes Wasser in der Leitung hochsteigt und verschwendet wird, wenn der Nächste vielleicht doch nur kaltes Wasser entnehmen möchte. Dies bringt bewusst Symmetrieaspekte zum Unterliegen, die eine mittige, also lauwarme, Stellung des Armaturengriffes präferieren müssten.

In verwandter Betrachtung drehe ich einen Gartenschlauch immer zuerst am Wasserhahn zu und lasse das Wasser bis zum Druckausgleich auslaufen und werde erst dann das Endstück zudrehen. Wenn man dagegen das in der Hand gehaltene Ende zuerst schließt, würde unnötigerweise der Druck der Wasserleitung über Stunden oder gar Tage auf den Schlauch und die Zwischenstücke einwirken. Gar nicht in Frage kommt natürlich, nur die Endstücke zuzudrehen, weil ein Gartenschlauch im Falle eines Lecks vielleicht tagelang und unbemerkt Wasser verlieren könnte. Und wenn man dann noch verreist ist …

Die Tätigkeit, die mich im Badezimmer regelmäßig systematisch denken lässt, ist die Haarpflege. Ich habe dabei ein Ordnungssystem, in dem ich das Haarewaschen, welches bei mir im zweitägigen Rhythmus angezeigt ist, auf die ungeraden Tage des Monats lege. So entfällt für mich das lästige Nachdenken, ob der Tag gekommen ist oder nicht, und wird durch einen raschen Blick auf den Kalender abgesichert.

Am Monatsende werde ich kurz gefordert – jedenfalls bei Monaten mit einer ungeraden Zahl von Tagen. Dies kommt bekanntermaßen 7 Mal und im Falle eines Schaltjahres 8 Mal pro Jahr vor. In diesen Monaten ist bei alternierendem Haarewaschen eine

Anpassung notwendig, die ich entweder durch ein einmaliges Drei-Tage-Intervall (Hilfsfrage: Ist der Zustand der Haare noch akzeptabel?) oder ein zwei Tage aufeinander folgendes tägliches Haarewaschen (Hilfsfrage: Steht ein besonderes Ereignis an diesem Tag bevor?) zu lösen bemüht bin. Falls äußerliche Notwendigkeiten, mit gepflegten Haaren zu erscheinen, kurzzeitig ein aktives Ändern dieses Zeitsprungs notwendig machen, wird in den nächsten Tagen eine Korrektur vorgenommen.

Ähnliche Abwägungen gelten für Tage mit Friseurbesuch, die ich entweder bereits bei der Terminvereinbarung bewusst meinem Rhythmus anpasse oder die ein kurzes Nachdenken über die geeignete Wiedergutmachung der Verschiebung auslösen. Am einfachsten ist es natürlich, wenn ich (bei Zwei-Tages-Intervallen) meine Friseur-Termine gleich auf Tage mit ungeraden Zahlen lege, damit keine Überlegungen für Intervall-Anpassungen notwendig werden.

Die periodischen Abstände der Friseurbesuche (beispielsweise alle sechs Wochen) kann man starr nach dem für die Haarlänge durchschnittlich optimalen Zeitpunkt wählen oder man kann preisbewusst etwas „schummeln", indem man die Haare ein wenig kürzer schneiden lässt und gleichzeitig einen etwas späteren neuen Termin ausmacht. Da anderseits schwieriger zu beeinflussende, unregelmäßig wirksame Faktoren für das Haarwachstum, wie die Jahreszeiten oder hormonelle Faktoren, mit hineinspielen, belasse ich es doch lieber bei regelmäßigen, fixen Terminen.

Apropos Friseur: Ich wehre mich jedes Mal gegen die dort angebotene Kopfmassage, die aus meiner Sicht einen viel zu intimen Eingriff darstellt. Mit zum intensiveren Genuss geschlossenen Augen würde ich zwar die herumschweifenden und vielleicht gelangweilten Blicke des Friseurs während der Kopfmassage nicht wahrnehmen, es würde aber eine zu große Diskrepanz zwischen der bei mir induzierten Gefühlswelt und derjenigen der behandelnden Person deutlich.

Noch ein Gedanke zum Friseur: Es gibt ja noch mehr Berufe, bei denen ein erledigter Arbeits-Auftrag mit jedem Tag wieder mehr in Chaos gerät – wobei ich diesen Effekt bei Friseur*innen immer besonders kurzlebig finde. Noch deutlicher, aber aus meiner Sicht aber besser erträglich sind die teilweise außerordentlichen Bemühungen von Köch*innen, nach langer Vorbereitung die Augen noch kurz (warme Gerichte werden sonst kalt) „mitessen" zu lassen, bevor das Werk zunichtegemacht wird. Anderseits ist der kurzzeitige Genuss von Augen und Gaumen besonders intensiv.

Und selbst in der bildenden Kunst gibt es aktiv gelebte Extrem-Beispiele – wie bei dem Künstler Alberto Giacometti, der einige seiner Skulpturen nach dem Präsentieren auf der Straße wieder eingeschmolzen haben soll. Ich habe mich manchmal gefragt, ob ein Beruf mit kurzlebigen Ergebnissen für mich überhaupt in Frage kommt, wo ich doch Nachhaltiges so schätze.

Nach dem Entfernen der Haare und Waschen der Bürste – schlage ich meine konvex gewölbte Haarbürste bewusst in meiner Hohlhand aus. Nur so kann sich die Rundung der Bürste an die Rundung der Hohlhand schmiegen und eine gleichmäßige mechanische Belastung der Borsten über die Rundung der Bürste garantiert werden. Beim Ausschlagen auf einer geraden und harten Fläche würden die mittleren Borsten stärker belastet und womöglich in die Bürste hineingeschoben – zumindest aber verstärkt abgenutzt.

Ich frage mich darüber hinaus, warum überhaupt eine konvexe Bürste für einen konvexen Kopf entwickelt wurde. Der einzig nachvollziehbare Erklärungsansatz ist für mich, dass die Hersteller einen punktuellen Massageeffekt der Kopfhaut erreichen möchten.

Dabei fällt mir eine weitere Ungereimtheit ein: Warum gibt es ovale vordere Öffnungen von Föhnen und wie sollen sie gedreht werden – quer oder längs zur Haarrichtung? Muss ich den Föhn dann nicht konsequenterweise parallel zu der ovalen Öffnung hin und her bewegen oder zumindest rotieren lassen? Solche Überlegungen kann man schnell wieder verwerfen, da man meist seine Handhaltung und Föhnrichtung sowieso eher der Art der Frisur (und vielleicht der Kopfform) und dem gewünschten Effekt (glätten oder toupieren) anpassen wird. Und natürlich kann die Stärke des Luftstroms nicht nur die gewünschte Trocknungsgeschwindigkeit steuern.

Beim Benutzen von Hotelföhnen, die aus nachvollziehbaren Sicherheits- und Verantwortungsgründen (Suizid-Prophylaxe?) einen während der Benutzung kontinuierlich zu drückenden Schalter besitzen, verhindere ich beim Handwechsel von links auf rechts (und umgekehrt) das zwischenzeitliche, fast unvermeidbare kurze Abschalten des Föhns und feile jedes Mal an einer speziellen Greiftechnik (deren Ergebnis akustisch gut überprüfbar ist).

In diese Überlegungen passen meine Bemühungen – wo immer möglich – Beidhändigkeit zu üben. Beim Rasieren wechsele ich regelmäßig die Hände, nicht nur um einzelne Areale der Barthaare besser zu erreichen, sondern um beide Gehirnhälften zu trainieren und im Falle einer Verletzung einer Extremität gewappnet zu sein und dann komplett linkische und wenig funktionelle Bewegungen zu vermeiden.

Genauer gesagt, übe ich dabei die vier Möglichkeiten: mit der rechten Hand beide Seiten zu rasieren, mit der linken Hand beide Seiten, mit der rechten Hand die rechte Seite und mit der linken Hand die linke Seite, oder mit der rechten Hand die linke Seite und mit der linken Hand die rechte Seite.

Ein Kabel (beispielsweise vom Föhn) werde ich nach jeder Benutzung in einem großzügigen Durchmesser locker um das Gerät herumdrapieren oder -wickeln und keinesfalls in eine enge Spiralbildung zwingen. Alternativ wird das Kabel in der originalen „Schichtung" bzw. „Mäanderfaltung" eines Neugerätes belassen, um nicht zusätzliche Knickstellen entstehen zu lassen – schon gar nicht am besonders knickempfindlichen Kabelausgang des Gerätes.

Für mich ist es nicht verständlich, dass es überhaupt Bewegungen oder Handlungen geben sollte, die einer unbedachten Zufälligkeit unterliegen. Auch wenn man vielleicht in dem einen oder anderen Aspekt unterschiedlicher Meinung sein kann – worüber ich übrigens gerne mit Ihnen diskutieren würde –, muss es meines Erachtens erstens ein System für alle Handlungen geben und zweitens sollte diesem System – zumindest subjektiv – nachvollziehbare Argumente zugrunde liegen.

Natürlich weiß ich, dass das nächste Thema eigentlich viel zu banal ist, um wirklich über mich Auskunft zu geben. Die Frage nämlich, wie eine Toilettenpapierrolle aufgehängt wird, stellen sich inzwischen auch Menschen, die sich bisher nicht im Entferntesten in meine Welt hineinversetzt haben.

Eine Toilettenpapierrolle hänge ich mit der Blattentnahme nach vorne auf, um einen direkten und freien Zugriff zu erlauben und nicht mit den Fingern hinten an der Wand herum zu kratzen – unabhängig davon, ob es sich um glatte Fliesen oder eine raue Tapete handelt. Ich drehe eine nach hinten gehängte Toilettenpapierrolle auch in öffentlichen Toiletten oder zu Besuch bei anderen Menschen, denen sich solche Gedanken anscheinend nicht aufdrängen, nach vorne.

Bei dem Thema Toilettenpapier in einem Hotel bin ich mir immer nicht sicher, ob das vom Zimmermädchen zum Dreieck gefaltete Ende der Toilettenpapierrolle eine besondere (allerdings automatisierte) Aufmerksamkeit bedeutet oder einfach nur Verschwendung ist. Ich stelle mir vor, dass das von fremden Händen angefasste und knickend-präparierte erste Stück Toilettenpapier von den meisten Hotelgästen sowieso nicht verwendet, sondern aus hygienischen Gründen verworfen wird.

Ähnlich banal und nur wenig über mich aussagend ist das Thema Toilettendeckel: Ein Deckel wurde ja nicht dafür entwickelt, dass er hochgeklappt steht. Oder möchten manche Menschen einfach nur dem nachfolgenden Benutzer den offensichtlich guten Reinigungszustand der Toilette demonstrieren? Und andersherum manche die fehlende Säuberung der Toilette nach deren Benutzung durch einen geschlossenen Deckel kaschieren? Nein, ein stets geschlossener Toilettendeckel zeugt schlicht von gelungener Erziehung.

In meinem Vorurteil denken die meisten Menschen einfach zu wenig über die täglichen Dinge des Lebens nach. Es entzieht sich meinem Verständnis, wieso manche Menschen Schwierigkeiten haben, das Prinzip einer Randomisierung („geplante

Zufallsverteilung") zu verstehen – wo sie doch jede ihrer Handlungen komplett und perfekt erratisch gestalten.

Die unausweichliche Folge meiner vielen Ordnungsprinzipien ist, dass ich fast alles selber machen muss. Es fällt mir generell schwer, auch – und gerade – scheinbar einfache Tätigkeiten zu delegieren. Pessimistisch gedacht, mag die Angst vor Kontrollverlust die treibende Kraft sein, euphemistisch vielleicht aber auch der Spaß am höchst individuellen aktiven Gestalten.

Medikamentenblister, die ich im Badezimmer aufbewahre, um dort die Einnahme der Tabletten an das Zähneputzen zu koppeln, brauche ich nach wechselnden, verschiedenartigen Mustern auf, wobei ich die strikte oben-unten oder links-rechts Verteilung durch Streifen-, Mäander-, Pyramiden- oder andere geometrische Muster phantasievoll erweitere. Kürzlich habe ich schrittweise das vollständige Alphabet als Muster abgebildet.

Ich variiere dabei die zwei gegebenen Möglichkeiten, das Muster im Blister durch die verbleibenden Pillen oder durch die „Leerstellen" zu gestalten. Die Vielzahl der Möglichkeiten – auch unter strengeren, vorgegebenen Rahmenbedingungen –, kreative Ordnungsaspekte zu berücksichtigen, amüsiert mich.

Nach dem Durchdrücken der Pillen aus dem Blister falte ich die eingerissene Alufolie (grob, nicht pingelig) wieder zurück, denn mein künstlerisches Auge lässt mich zufällige zarte, irreguläre und individuelle Folienreste schätzen, während grobe Formen, die ohne Eingreifen durch das erneute und wiederholte Anfassen des Blisters entstehen, diese Kriterien gewöhnlich nicht erfüllen.

Da einzelne abgerissene Folien im Blister ein gänzlich irreguläres Bild ergeben, versuche ich bei jedem Durchdrücken bereits vorbeugend ein Verfahren zu optimieren, das wenig Folien-Voll-Abrisse zur Folge hat. Dabei bin ich immer wieder gespannt, wie sich eine Tablette in einer Blister-Vertiefung ausgerichtet hat, und staune über die vielfältigen Möglichkeiten trotz einer vollautomatisierten Fertigung – vor allem bei Medikamenten-Kapseln.

Sie können jetzt gerne Ihr Vorurteil über mich ausleben und die Folienreste immer in Gänze entfernen und so den Blister immer nackter werden lassen. Das ist sicher auch eine Möglichkeit – wenn sie denn einer Überlegung entspringt. Ich erkenne auf jeden Fall sofort, wenn jemand Anders Tabletten aus (m)einem Blister entnommen hat, da die Alufolie auch nicht ansatzweise bearbeitet wurde und zusätzlich die Blister insgesamt – je steifer sie sind – eine gebogene Form annehmen. Ich biege solche Blister immer mal wieder „gegen".

Eine Verbesserung der Compliance der Medikamenteneinnahme ist mit der künstlerischen Entnahme nicht beabsichtigt, da ich durch meine regelmäßigen Gewohnheiten die Einnahme von Tabletten sowieso kaum je auslasse. Und wenn es doch einmal so sein sollte, fällt es mir meist am nächsten Tag ein oder auf, so dass ich entsprechend nachkorrigieren kann.

Nur bei Fernreisen mit ihren Zeitverschiebungen, geänderten Tagesabläufen und ganz anderen Ablenkfaktoren kann die Sicherheit der Einnahme unter Umständen einmal leiden. Wenn man aber nicht die Erde vollständig in einer Richtung umrundet und so versucht, der Zeit ein Schnippchen zu schlagen, sondern wieder zurückfliegt, „mendelt" sich die Zeitverschiebung der Medikamenteneinnahme in den allermeisten Fällen wieder aus.

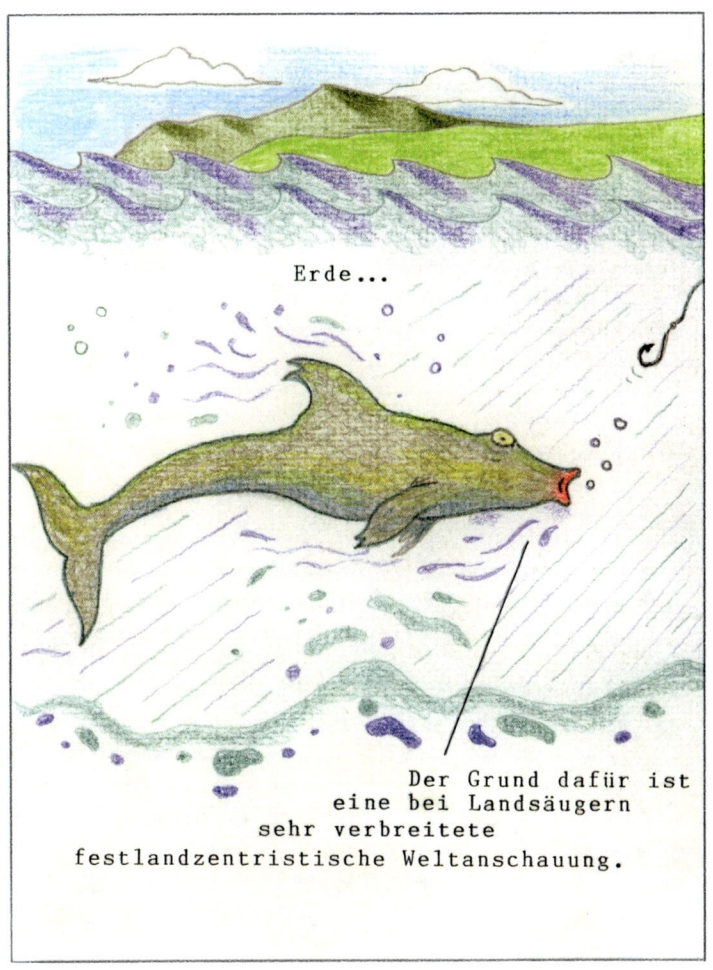

Apropos Erde: Ich verstehe nicht, warum unser Planet „Erde"
heißt und nicht vielmehr „Wasser", da ungefähr 2/3 der Ober-
fläche von Wasser bedeckt sind. Außerdem wird er ja bereits der
blaue Planet genannt – nach dem vielen Wasser, vom Weltraum
aus betrachtet. Stellen Sie sich vor, alle Berge würden ins Meer
gekippt und die Erde wäre (ohne Erhebungen oder Vertiefungen)
vollständig mit Wasser bedeckt – wie hoch wäre der Wasserstand
dann wohl?

Beschäftigen wir uns ein wenig mit öffentlichen Nasszellen. In
Waschräumen, in denen Stoffhandtuchspender mit Rollenhand-
tüchern eingesetzt werden, ziehe ich stets den von mir gerade
benutzten Teil eilig mit beiden Händen glatt, damit beim kurz
darauf zu erwartenden, automatischen Einziehen keine Funk-
tionsprobleme auftreten. Ich leide ansonsten zu sehr mit dem
um rasche Abläufe bemühten Gerät mit.

Vor öffentlichen Toiletten ärgert es mich, wenn sich die meisten Männer nach dem Verlassen reflexartig an den oberen Teil
des Hosenschlitzes fassen, um zu kontrollieren, ob dieser auch
wirklich geschlossen ist, was bei vielen Männern zu einem an-
haltenden Tic geworden zu sein scheint, der auch Stunden später
noch wirksam ist. Ich bin mir dieser möglichen Abhängigkeit
bewusst und erledige die Kontrolle des Hosenschlitzes in jedem
Fall bewusst vor dem Rausgehen und bemühe mich danach, der
Versuchung zu widerstehen.

In öffentlichen Toiletten bewundere ich regelmäßig die Vielfalt
der Bemühungen der Betreiber, den Davorstehenden dazu zu
bewegen, dicht an die Toilette heranzutreten. Allein, wer hat
denn bloß den Winkel berechnet, an dem sich die Fliege oder
ein Fußballtor oder andere Spielereien im Pissoir befinden sollen? Es scheint jedenfalls nicht gut zu funktionieren. Nähere

Beschreibungen kennen Sie oder erspare ich Ihnen trotzdem. Oder haben doch alle Männer Probleme mit ihrer Prostata? Ich fürchte, dass die meisten Männer aus hygienischen Gründen nicht näher an das Pissoir treten – was naturgemäß den Teufelskreis der Scheußlichkeiten anfeuert.

Ich kenne und beherzige den feinen Unterschied der beiden doch sehr verschiedenen an die Wand gehefteten Klosprüche (1.) „Verlasse den Ort so, wie Du ihn vorgefunden hast" (reicht meist nicht aus) und (2.) „Verlasse den Ort so, wie Du ihn vorfinden möchtest" (positiver philanthroper Ansatz). Ich werde daher auch dem vorherigen Benutzer ein wenig hinterherräumen – nicht nur, weil ich beim Herausgehen vom Nächsten beobachtet werden könnte und die „Schuld" an Unsauberkeit und Unordnung mir zugeordnet werden könnte, sondern weil es gleichzeitig ein Akt der Ordnung an sich sowie der zwischenmenschlichen Begegnung ist.

Zurück in mein privates Badezimmer: Mein Körpergewicht messe ich nur gelegentlich, da ich mir einbilde, dass mein Hungergefühl als geeigneter Indikator für meine Gewichtseinschätzung dienen kann. Dafür muss ich allerdings sensibel am Hungergefühl unterscheiden können, ob es durch ein paar Stunden fehlender Nahrungsaufnahme, durch eine reaktive Insulinausschüttung nach einer Mahlzeit oder durch ein momentan absolut niedriges Körpergewicht hervorgerufen ist. Ich versuche, mit gelegentlichem Messen diese subjektive Einschätzung zu üben und zu verbessern.

Als eine nur ein wenig objektivere Methode kann das Engegefühl im Gürtelbereich herangezogen werden. Man wundert sich immer wieder, dass sogar gleiche Hosengrößen so unterschiedlich ausfallen können und daher Gürtel im selben Loch ein ganz anderes „Kneif-Gefühl" erzeugen. Ganz abgesehen vom unterschiedlichen Material einer Winterhose aus Breitcord gegenüber einer leichten Sommerleinenhose. Und dehnen sich Gürtel nicht auch mit der Zeit? Können Sie sich merken, welche Hose beim letzten Mal mit welchem Gürtel welches Gefühl erzeugt hat?

Abhilfe für das Gewicht-Gürtel-Dilemma könnten zusätzliche jeweils mittig gestochene Löcher im Gürtel schaffen, die dann für ein gleichmäßigeres Druckempfinden sorgen könnten. Das dadurch aber deutlich eingeschränkte Aussehen des Gürtels (mit eng stehenden und vielleicht nicht ganz in einer Linie befindlichen Löchern) ist ein eindeutiger Hinderungsgrund.

Von Mitmenschen nach meinem Körpergewicht gefragt, komme ich leicht ins Schwitzen, da ich mich schwer entscheiden kann, welches Gewicht ich angeben soll. Mir sind die Schwankungen von 1 bis 2 Kilogramm von Tag zu Tag sowie das unterschiedliche Sommer- und Wintergewicht ständig präsent – ganz abgesehen von akuten Ein- und Ausfuhr-Bilanzen als bestimmende Einflussfaktoren. Um eine konservative Angabe an die Umwelt mitzuteilen, gebe ich ein Jahresmittel meines Mittagsgewichts an.

Schlafzimmer

Können wir uns nun bitte endgültig vom Badezimmer trennen und ins Schlafzimmer gehen? Wenn ich meinen Kleiderschrank öffne, bemerke ich sofort, wenn die Kleiderbügel der Hemden auf der Stange nicht alle im gleichmäßigen Abstand zueinander aufgehängt oder die Bügel nicht in dieselbe Richtung ausgerichtet sind.

Irgendwann habe ich für mich einmal geklärt, dass alle Bügel so auf eine Kleiderstange gehängt werden, dass die geschlossene Seite des Hakens zum Betrachter und die offene Seite in den Schrank hinein weist. Überhaupt nicht in Betracht kommt für mich natürlich ein wahlloses Handeln.

Bei den etwas halbmondförmig-gebogenen Kleiderbügeln, die sich wohl der Schulterform (wessen eigentlich?) anpassen sollen, kommt zusätzlich das Argument zum Tragen, dass ein gleichmäßiges, enges Aneinanderschmiegen der Bügel (konvexe an konkave Seite) besser aussieht und vor allem platzsparender ist als ein gegenläufiges Hängen (konvex an konvex oder konkav und konkav).

Im eigenen Schrank dürften diese Überlegungen eigentlich nur einmal eine Rolle spielen. In Hotelzimmern aber werde ich die leeren Bügel im Schrank gleichmäßig ordnen und die Haken in die „richtige" Richtung drehen – unabhängig davon, ob ich die Bügel benutzen werde oder nicht und auch zu einem Zeitpunkt, an dem ich bei der Abreise – schon fast aus dem Zimmer getreten – noch einmal einen Kontrollblick durch das Hotelzimmer schweifen lasse.

Ich möchte mir schließlich nichts vorwerfen lassen oder meinen Ruf ruinieren. Oder sind Sie vielleicht der Meinung, ich würde eine solche Situation ohne Eingreifen einfach nur nicht aushalten und der Anblick würde mich gedanklich für Minuten bis Stunden anhaltend verfolgen?

Für Sakkos und Anzüge bevorzuge ich wegen des höheren Gewichtes dieser Kleidungsstücke (im Vergleich zu Hemden) Bügel mit einer breiteren Auflagefläche im Schulterbereich – was bei Hemden keine so große Rolle spielt. Im Gegenteil, bei der Anzahl meiner Hemden ist das platzsparende Argument der schmaleren Bügel vorherrschend.

Außerdem bestehen Hemdenbügel aus Plastik oder anderem unempfindlichen Material und es können darauf auch feuchte Hemden gehängt werden. Bei einem Holzbügel bestände die Gefahr, dass sich unweigerlich ein Fleck in das feuchte Hemd hineinfressen würde oder die Bügel durch wiederholte Feuchtigkeit spröde werden. Bei Sakkos und Anzügen sind dagegen schwerere und breitere Holzbügel auch eine Frage des Stils.

Das Problem, das jetzt auf mich zukommt, ist ein schier unlösbares, denn es gilt sich zu entscheiden, ob das am weitesten links hängende Hemd gewählt wird, welches in der Reihenfolge der Benutzung an der Reihe ist, da frisch gebügelte Hemden bei mir immer rechts angefügt werden, oder ob auch Hemden aus der Mitte herausgenommen werden dürfen, wenn der beginnende Tag einen bestimmten Kleidungsstil erfordert.

Es fällt mir jedes Mal schwer, mich über die Reihenfolge hinwegzusetzen, und so manches Mal erwische ich mich dabei, eher ein nicht optimal zum Tagesgeschäft passendes Hemd zu tragen, als die Reihenfolge in Gefahr zu bringen.

Ein kleiner, aber wichtiger, Beeinflussungsspielraum ist mir geblieben, da ich die Reihenfolge innerhalb einer Serie von frisch gebügelten Hemden, die rechts angefügt werden, beeinflussen kann. Dabei versuche ich bewusst nicht, mich an die vergangene Woche und deren Reihenfolge des Tragens der Hemden zu erinnern, sondern ich wähle innerhalb des Sets der in den Schrank zu hängenden Hemden die Reihenfolge so aus, dass die Lieblingshemden ganz an den rechten Rand gelangen und so erst etwas später wieder an der Reihe sind, weil sich dadurch mit jeder Wasch- und Wochenrunde die Lebenszeit meiner Lieblingshemden ein klein wenig verlängern lässt und Vorfreude ist bekanntlich die schönste Freude.

Leider muss irgendwann das Leben eines Hemdes für beendet erklärt werden – am ehesten aufgrund abgewetzter Kragen und Manschettenränder. Doch wann ist ein Hemd überfällig und kann ich diesen Zeitpunkt beeinflussen? Nein, nicht „wirklich", aber vielleicht vorübergehend: Hemden mit abgewetzten Manschetten könnte man an warmen Sommertagen (ohne offiziellen Anlass) noch länger benutzen, da man sie hochkrempeln kann und so die prekären Stellen den Blicken der Umgebung entzieht. Vorsicht bei abkühlenden Abenden … Durch diesen Kniff kann man vielleicht die Entsorgung auf den Zeitpunkt vor der kalten Jahreszeit verschieben.

Im Falle von abgewetzten Kragen kann man nur darauf achten, keinen Menschen hinter sich stehen zu lassen. Oder man bewahrt diese Hemden und andere nicht mehr regelmäßig zumutbare Kleidungstücke für praktische Tätigkeiten wie Gartenarbeit oder Malen liebevoll im Gedächtnis. Die Sammlung solcher Teile sprengt aber irgendwann allen dafür vorgesehenen Raum …

Ein Uhrenarmband wähle ich insofern nicht nur nach ästhetischen Gesichtspunkten, sondern nach der mechanischen Gefährdung des Manschettenrandes aus. Es kommt also am ehesten ein weiches Lederarmband mit dezenter, glatter Schnalle in Frage. Das Gegenteil, Metallarmbänder mit hohem Scheuerpotential, stehen sowieso nicht zur Wahl, da sie eine zu große Abweichung von meinem sonstigen Stil bedeuten.

Der Wunsch des Manschettenschonens drängte sich bei mir ganz besonders auf, weil ich nur Hemden mit einer Ärmellänge trage, die meine Sakko- oder Anzugsärmel um mindestens einen Zentimeter überragen. Sie könnten jetzt einwenden, dass man – wenn man sich Hemden individuell anfertigen lässt – auch den Ärmel des entsprechenden Uhren-Armes einseitig ein bisschen kürzer schneidern lassen könnte.

Das ist allerdings eine Luxus-Diskussion, die ich hier nicht eröffnen möchte, da Sie mich, fürchte ich, sowieso schon als arrogant und abgehoben betrachten. Durch gute finanzielle Möglichkeiten wird manches leichter, aber umgekehrt entstehen auch viel mehr Fragen, die nach einer Klärung rufen, weil neue Sichtweisen auftauchen oder mehr Möglichkeiten der Auswahl zur Verfügung stehen.

Mir ist nicht klar, warum noch keine Firma auf die Idee gekommen ist, Armbanduhren sowohl zum Tragen auf dem rechten als auch auf dem linken Arm zu entwickeln. Den 10–15 % Linkshändern in der Bevölkerung kommt die Industrie bereits entgegen, indem sie spezielle Linkshänder-Armbanduhren auf dem Markt gebracht hat. Aber die Steigerung einer beidseitig tragbaren Armbanduhr würde beim regelmäßig wechselseitigen Tragen sowohl bei Links- als auch bei Rechtshändern auch noch dem gleichmäßigen Manschettenschonen-Prinzip huldigen.

Aber möglicherweise ist die eigentliche Frage, warum überhaupt noch jemand eine Armbanduhr hat? Wer hat denn die Zeit nicht im Kopf? Oder – wenn dies nicht genügend genau oder gar nicht der Fall sein sollte – genügt nicht ein Smartphone? Für viele eher nicht, da erstens die kurze Armbewegung mit dem unauffälligen Blick auf die Uhr schneller und dezenter gestaltet werden kann und zweitens Sie vielleicht Ihr Smartphone (aus Angst vor Diebstahl oder andersherum aus Peinlichkeit) nicht aus der Tasche holen und der Öffentlichkeit präsentieren möchten.

Jetzt sind wir aber wieder weit abgekommen und müssen den Weg zurück zu den Hemden finden. Ich vermute, dass generell das Aufkrempeln von Ärmeln bei langarmigen Hemden (jeweils zwei oder drei Faltungen) nicht nur cooler und lässiger aussieht, sondern auch aus dem Grund entstanden ist, Manschettenränder zu schonen. Die Alternative, kurzärmelige Hemden zu tragen, würde ich dagegen (in völliger Übereinstimmung mit jedem Stil bewussten Menschen) ausschließen.

Kleine Nebenfrage: Genießen Sie es auch, wenn bei einem gemusterten Hemd (und das müssen keine Holzfällerhemden sein, sondern das fängt schon bei dezent oder hell gestreiften Stoffen an) die Tasche(n) in Übereinstimmung mit dem darunter liegenden Muster aufgenäht wurde(n)? Oder bevorzugen Sie, dass die Taschen in einem schräg zu dem darunterliegenden Stoff aufgenäht werden? Bitte schließen Sie jetzt die Augen und sagen mir, welches Ihrer Hemden welches Kriterium erfüllt!

Beim Zuknöpfen des Hemdes bemerke ich jedes Mal, ob (Möglichkeit A) das Knopfloch (noch) recht eng ist und der Knopf hindurchgezwängt werden muss (was ich, wenn es nicht übertrieben ist, schon allein aufgrund der Haptik genieße) und so das Hemd an dieser Stelle auch sicher geschlossen bleibt oder ob (Möglichkeit B) das Knopfloch locker (geworden) ist und der Knopf quasi hineinfällt (und daher auch von alleine wieder hinausflutschen kann) und deshalb das Hemd versehentlich entblößen kann. Ein ideales Mittelmaß dieser physikalischen Gegebenheiten scheint bedauerlicherweise immer nur für kurze Zeit gegeben zu sein.

Nach dem Anziehen des Hemdes wende ich mich den Strümpfen zu. Ich trage übrigens ausschließlich Kniestrümpfe und keine Socken, nicht nur aus stilistischen Gründen, sondern allein schon deshalb, damit nicht das Risiko entsteht, bei übergeschlagenen Beinen Titan-weiße Beinstückchen den erst forschenden und dann verächtlicher werdenden Blicken der Braun-Fetischisten preiszugeben.

Haben Sie eigentlich auch schon einmal die Tücken des Strumpf-Anziehens am eigenen Leibe erlebt? Wenn man versucht, während des Überstreifens unter leichten Hin- und Her-Bewegungen die Ferse des Strumpfes ohne Falten genau an die Ferse des Fußes zu bugsieren? Die Strumpf-Ausrichtung im Vorhinein akkurat zu berechnen, klappt nur selten – selbst wenn man die Strümpfe nach dem Waschen beim Aufhängen auf die Leine streng auf seitlich trimmt und auch so faltet. Damit keine Löcher gerissen werden, muss man außerdem vor dem Überstreifen tief zugreifen und öfters raffen. Socken-Benutzer haben zwar vielleicht eine Ahnung von diesen Dingen, aber kein echtes Wissen um die naheliegenden Leiden.

Beim Thema Strümpfe offenbart sich für mich ein weiterer Bedarf an Optimierung und Entwicklung von klaren Regeln. Denn Sie werden wahrscheinlich auch das Problem nicht übersehen haben, dass die großen Zehen früher oder später erst dünn gescheuerte, helle Stellen und später Löcher im Strumpf erzeugen.

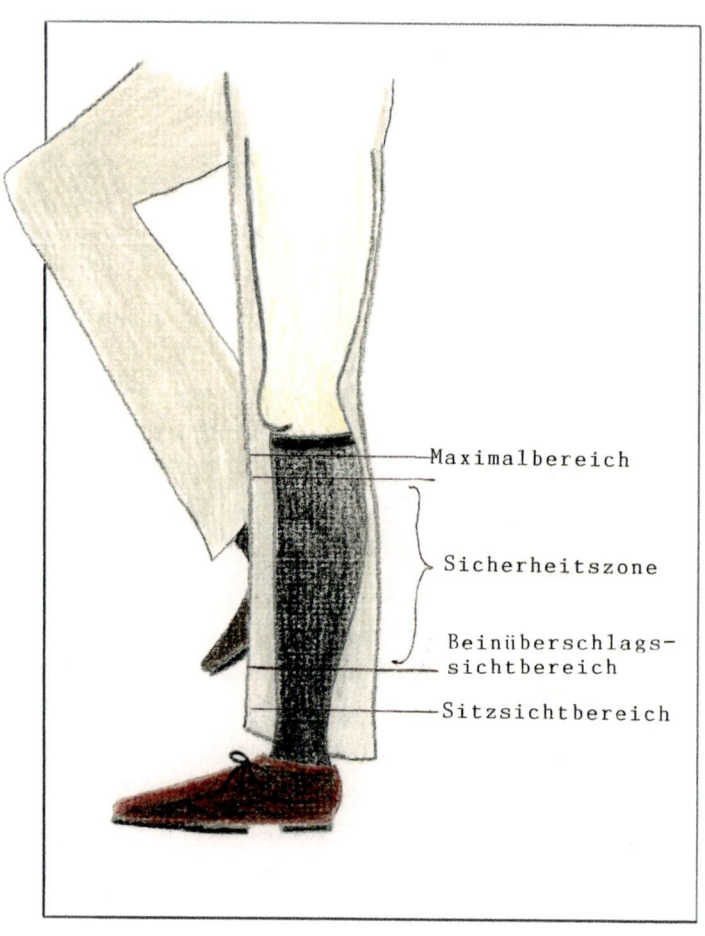

Maximalbereich

Sicherheitszone

Beinüberschlags-
sichtbereich

Sitzsichtbereich

40

Nur ein konsequent wechselndes Links-Rechts-Tragen garantiert, dass eine gleichmäßige Belastung an einem Paar Strümpfe ausgeübt und so die Lebenszeit verlängert wird. Glücklicherweise kommt mir die Strumpfindustrie zu Hilfe, die meist einen der beiden Strümpfe eines Paares mit einem Aufdruck versieht.

Sie können natürlich jetzt leicht argumentieren, dass Sie den Aufdruck übersehen oder ignorieren und statistisch sowieso durch eine Zufallsverteilung eine gleichmäßige Abnutzung beider Strümpfe erzielt werden müsste. Dagegen kann ich keine wirklich stichhaltigen Gründe anführen. So eine Einstellung ist mir aber zu defätistisch oder prosaisch und entspricht nicht meinem System-Denken.

In meiner Welt von hat es sich „herausevolutioniert", dass das linke Bein „führt" und ich an Tagen des Haarewaschens den Strumpf mit Aufdruck für die linke Seite wähle und an Tagen ohne Haarewaschen für die rechte Seite. So kann ich in idealer Weise verschiedene Systeme kombinieren und synergistische Effekte erzielen.

.

Wahrscheinlich muss ich Ihnen gegenüber kaum erwähnen, dass ich Strümpfe nach dem Waschen und Trocknen paarweise so zusammenlege, dass nicht nur jeweils wieder ein Strumpf mit und einer ohne Schriftaufdruck zusammenkommen, sondern außerdem der Abnutzungsgrad Berücksichtigung findet.

Orientierung für den Grad der Abnutzung bieten dabei: (1.) die Haptik (Dünnerwerden des Materials nach mehreren Waschgängen), (2.) die Optik (Grad der Farbauswaschung des Strumpfes sowie ein allmähliches Verschwinden des Schriftaufdrucks), (3.) die Länge der Strümpfe (Schrumpfen nach mehrmaligem

Waschen) sowie (4.) die Funktion (Nachlassen des Gummis am Strumpfbund).

Trotz meiner Strebsamkeit muss ich aushalten, dass ein Zusammenleben der originalen Strumpfpaare auf Dauer nicht gelingen kann. Ansonsten bliebe nur das abendliche Waschen jedes einzelnen Paares, um sicherzugehen, dass kein Austausch von nicht primär zusammengeborenen Strumpfzwillingen vorkommt. Dies erscheint selbst mir ein nicht vertretbarer Aufwand für so relativ kurzlebige Kleidungsstücke zu sein.

Selbstverständlich werde ich nie frisch gewaschene Strumpfpaare zusammenrollen (auch wenn das Aufräumberaterinnen – ich kenne kein männliches Pendant – empfehlen, aber hier geht es nicht um Ordnunghalten, was bei mir sowieso klappt, sondern um die Optimierung der Benutzung), was nicht nur einen unnötig vermehrten Arbeitsaufwand durch das Rollen und Entrollen darstellt, sondern aufgrund der permanenten Dehnungslagerung ein schnelleres Ausleiern zur Folge haben könnte.

Ich favorisiere das Falten eines Paares (bei Kniestrümpfen sind es zwei Faltungen, bei Socken wären es eine Faltung) mit der Möglichkeit der Stapelbildung. Diese wohlgeordnete Lagerung lässt – auf einem Blick – die Farbe (welches Paar passt am besten zur Hose?) und die Beschaffenheit der Strümpfe (neuwertige Strümpfe für besondere Anlässe) erkennen.

Wenn ein Strumpf ein Loch bekommt und entsorgt werden muss, schmeiße ich den zweiten intakten Strumpf nicht weg, sondern habe eine kleine Sammlung von Einzelstücken, die ich regelmäßig durchgehe, um zu prüfen, ob nicht eine Neupaarung ermöglicht werden kann. Dies kann natürlich dazu führen, dass fortan zwei Strümpfe mit oder zwei Strümpfe ohne Aufdruck zusammenleben müssen und zukünftige Zuordnungen nach dem Waschen erschwert werden. Das nehme ich zugunsten der Nachhaltigkeit in Kauf.

Gelegentlich beschleicht mich das Gefühl, dass bei einigen Menschen die Waschmaschine nur mit einem versehentlich mitgewaschenen Papiertaschentuch funktioniert – warum sind sonst so oft Strümpfe nach der Wäsche voller Papierfusseln? Falls mir so etwas zugemutet wird, lege ich ausnahmsweise die Strümpfe nach dem Waschen nicht unten in den Stapel, sondern obendrauf, damit sie möglichst bald wieder benutzt, gewaschen und von den Fusseln befreit werden können.

Nach dem Anziehen der Strümpfe widme ich mich den Beinkleidern. Eine Möglichkeit der Lagerung wäre es, Hosen mit dem Hosenbund nach unten hängend aufzubewahren, damit durch die Schwerkraft des Aushängens im Zusammenspiel mit dem Zusammendrücken des Hosenumschlags (soweit vorhanden) eine Art Bügeleffekt zustande kommt.

Für diese Hängung ist jedoch reichlich vertikaler Platz notwendig, der in meinem Kleiderschrank leider nicht vorhanden ist. Zusätzlich erfüllen die von der Industrie hergestellten Klemmbügel für Hosen leider nicht meine Erwartungen, da bisher Hosen immer wieder herausgefallen waren und zusammengeknüllt für unbestimmte Zeit auf dem Schrankboden lagen.

So bleibt mir nichts anderes übrig, für die Aufhängung von Hosen doch übliche Bügel mit einer Querstange zu benutzen, was deutlich weniger vertikalen Raum einnimmt. In Analogie zum Badezimmerhandtuch ziehe ich die leichte untere Seite der Hosenbeine, die bei mir übrigens immer nach rechts weisen, etwas länger als die Hosenbundseite, um ein schwerkraftbedingtes Herunterrutschen vom Bügel zu verhindern.

Diese Rutschneigung mancher Hosen wird durch glatte Stoffe begünstigt. Ich muss also das Material des Hosenstoffes in das Ausmaß des Überhangs der langen Seite einberechnen. Dieses Hängeprinzip birgt allerdings den kleinen Nachteil in sich, dass ein asymmetrisches Bild beim Blick in den Schrank nicht zu umgehen ist. Kommen Sie mir jetzt bitte nicht mit dem Argument, dass man Bügel mit einem rutschfesten Schaumstoff kaufen kann, auf dem die Hosen nicht heruntergleiten können – das halte ich haptisch und stilistisch nur schwer aus.

Jetzt sind wir aber wirklich etwas sehr weit vom Tagesablauf abgekommen! Sie dürfen mich gerne daran erinnern! Beschäftigen wir uns jetzt im weiteren Ankleideszenario mit einem Tag, der nach einer formelleren Bekleidung ruft. Die passende Krawatte zum Sakko, Hemd und Anlass suche ich liebevoll vom wohlsortierten Ständer aus, der nach Farbe und Muster in Horizontale und Vertikale ausgerichtet und sortiert wird. Bei jeder neuen Krawatte (lieber selber gekauft, als geschenkt bekommen) wird nicht einfach die Reihe zusammengeschoben, sondern es muss und darf nach neuen Gesichtspunkten gestaltend geordnet werden. Hatte ich schon erwähnt, dass ich eher konservative Muster, aber mit kräftigen Farben liebe?

Für das Binden von Krawatten gibt es bekanntlich diverse Knoten-Varianten. Mitmenschen, die mich nur oberflächlich kennen, schätzen mich so ein, dass ich doch selbstverständlich streng symmetrische Knoten (wie beispielsweise den doppelten Windsor-Knoten) bevorzugen würde. Dabei ziehe ich „in Wirklichkeit" den lässigen, etwas asymmetrischen, „Four-in-hand"-Knoten (mit Mittelfalte) vor. Ich weiß dabei selber nicht, ob dies ein Verlassen von Grundsätzen bedeutet oder es mir wohltuend bestätigt, dass mir nach wie vor eine bewusste Entscheidungsfreiheit gegeben ist. Und schließlich muss in zunehmendem Alter „Coolness" aktiv erarbeitet werden.

Ich bin stets bemüht, dass meine Denk- und Handlungssysteme möglichst nicht zu weit von üblichen Kleidungsetiketten auseinanderdriften. So binde ich eine Krawatte oft mehrere Male und so lange, bis sich die Krawattenspitze auf Höhe der Mitte des Gürtels befindet und nicht entweder zu lang vor dem Hosenlatz baumelt (siehe berühmte Politiker) oder zu kurz gebunden mitten auf dem Bauch aufhört (siehe weniger berühmte Politiker) – beide Varianten erlebt man ja täglich in den Medien.

Je nach Anlass wähle ich bewusst eine grenzwertig lang gebundene Krawatte, damit ich (als kleiner Nebeneffekt) zu einer besonders geraden Körperhaltung über den Tag gezwungen werde.

Mir graust es beim Anblick von Mitmännern, welche die hinteren dünnen, zu langen Krawattenenden seitlich in die Knopfleiste des Hemdes stecken, was niemals unentdeckt bleiben kann. Für die Verhinderung eines solchen Missstandes sind doch firmenseitig die Schlaufen auf der Rückseite der Krawatten vorgesehen – die man ja (falls sie fehlen oder abhandengekommen sind) auch (wieder) annähen kann.

Weiter geht es um das Erscheinungsbild eines Menschen: Beim Hemdenkauf achte ich streng auf die passende Kragenweite – präsentiert sich doch ein zu weiter Kragen seiner Umgebung als ein schwer zu übersehender Aufmerksamkeitsmangel.

Selbstverständlich darf sich zu keinem Zeitpunkt des Tages ein Freiraum zwischen Krawattenknoten und Hemdkragen

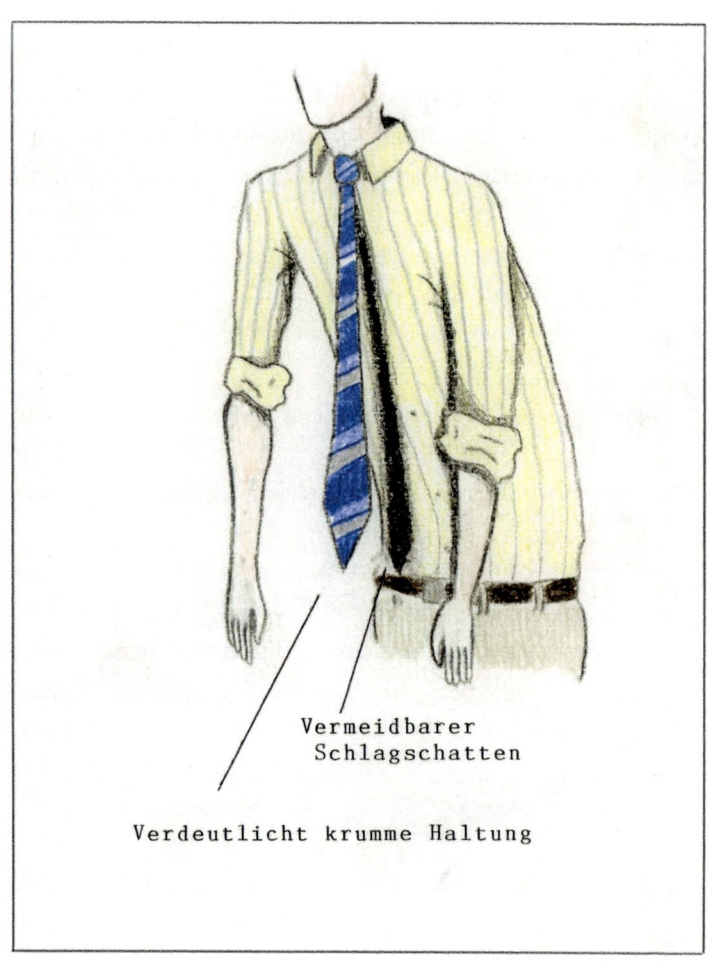

Vermeidbarer
Schlagschatten

Verdeutlicht krumme Haltung

einschleichen oder gar der oberste Knopf des Hemdes beim Tragen einer Krawatte offen bleiben oder geöffnet werden. Ich verstehe nicht, warum sich manche Menschen nicht klarmachen, dass solche Zumutungen an die Umgebung allzu leicht Rückschlüsse auf den Träger erlauben.

Deswegen überprüfe ich – von den Blicken anderer streng verborgen – gelegentlich den Sitz meines Knotens und korrigiere ihn gegebenenfalls. Dies gilt im Übrigen auch für die Lage der Gürtelschnalle, die ich gegebenenfalls wieder auf Mitte trimme. Ich habe die Erfahrung gemacht, dass selbst durch kleine zusätzliche Gürtelhalteschlaufen eine exakt mittige Lage des Gürtels nicht einen ganzen Tag lang eingehalten werden kann.

Nach dem Binden der Krawatte erinnere ich mich beim Überstreifen des Sakkos oder der Anzugjacke daran, dass professionelle Verkäufer eines Herrenausstatters den Kunden vorher fragen, ob sie die Taschen des Sakkos auftrennen sollen oder nicht. Ich verstehe Verkäufer nicht, die dies ignorieren und Taschen einfach ohne Nachfragen aufschneiden. Selbstverständlich muss ich dabei in Kauf nehmen, dass so die eigentliche Funktion der Sakkotaschen entfällt – ich würde aber sowieso wegen des möglichen Ausbeulens nie etwas in äußere Sakkotaschen hineinstecken.

Nicht nur in guten Bekleidungsgeschäften schätze ich, dass Schuhanzieher bereitgestellt werden, was ich als stilvoll und höflich zugleich empfinde. Je länger die Form ist, desto bequemer (vor allem für lange Menschen). Manchmal wird man unerwartet auch in anderen Umkleiden von diesem einfühlsamen Mitdenken überrascht …

Fast fertig angezogen stecke ich ein Stofftaschentuch – etwas anderes kommt für mich in Zeiten bester Gesundheit (und das sind erfreulicherweise die meisten Tage) sowieso nicht in Frage – noch einmal mit einem liebevollen Blick bedenkend in die Tasche, nachdem ich es aus seinem akkurat gebügelten Zustand heraus lässig geknüllt habe. Nur so kann ein Taschentuch bei Bedarf sofort zweckgemäß zum Einsatz kommen.

Ein gefaltetes Taschentuch nur kurz aufklappend zu verwenden, mag zwar bei ausgeprägter Sekretbildung die Hose weniger verschmutzen lassen, fällt für mich aber wiederum in die Kategorie „mangelndes Stilgefühl". In Zeiten akuter Infektionen werde ich selbstverständlich auf die hygienischeren (aber stillosen) Papiertaschentücher umsteigen.

Schuhe

Nach dem Ankleiden der Hose kommen wir unweigerlich zu dem aufregenden Thema Schuhe, welches Sie zweifellos tiefer in meine Denkweisen hineinversetzen lässt. Schuhe zu putzen ist für mich keine Strafe, sondern ein Metier, bei dem ich gerne ins Räsonieren gerate. Ich habe zwei Paar Sätze von Schuhen, die ich halbjährlich en bloc austausche – leichtere Schuhe für den Sommer und festere Schuhe für den Winter.

Diese Festlegung ermöglicht, dass ein Satz Schuhe ein halbes Jahr lang im Schrank wartet und ich nach sechs Monaten Vorfreude die neue Saison mit einem vergnügten Schmunzeln über saubere und lange nicht getragene (und vielleicht vermisste) Schuhe beginnen kann.

Regelmäßig werden meine Schuhe zweimal pro Saison geputzt – vor dem halbjährlichen Wegräumen und zusätzlich einmal während der jeweiligen Saison. Einzelne Exemplare werden natürlich nach Bedarf zu jedem Zeitpunkt auf Hochglanz gebracht.

Als kleinen Trick, um den Abstand zur vollen Schuhputzprozedur zu verlängern, rutsche ich abends beim Ausziehen der Schuhe kurz mit dem bestrumpften Fuß putzend über meine Schuhe. Die Strümpfe kommen ja abends sowieso in die Wäsche und das bisschen Schuhcreme, das vielleicht auf den Strumpf übergehen sollte, wird leicht mit der Wäsche entfernt. Gegen dieses Verfahren spricht im Einzelfall lediglich ein feuchter Strumpf, der Schweiß auf das Außenleder übertragen könnte, was es natürlich zu verhindern gilt.

Die Zeremonie des Schuheputzens beginnt bei mir mit dem Reinigen der Schuhe mit einem feuchten, aber nicht klatschnassen Tuch. Bei diesem Punkt werden Sie vielleicht einwenden, dass der Kontakt mit Wasser das Leder trocken und spröde machen könnte. Dabei wird doch aber – in Analogie zum Händeeincremen, welches beim Händewaschvorgang ebenfalls am effektivsten direkt nach dem Abtrocknen der Hände durchgeführt werden sollte – durch die kurze und leichte Befeuchtung das Leder aufnahmefähiger für die Schuhcreme. Außerdem befreit das feuchte Tuch den Schuh von eventuellen Schmutzpartikeln, die beim späteren Wienern Kratzeffekte im Leder hinterlassen könnten.

Kleiner Einschub für Sneakers-Träger: Schuhe aus Cordovan benötigen eine spezielle Schuhcreme, die weniger Fett beinhaltet als die für Schuhe aus Kalbsleder, da das Pferdeleder selber bereits einen höheren Fettanteil besitzt.

Beim anschließenden Vorgang des Eincremens – zu dem Zeitpunkt, bei der die Feuchtigkeit nahezu verdunstet ist – bin ich darauf erpicht, mit der Farbwahl der Schuhcreme die Farbe des Schuhleders nach meinem Geschmack aktiv und prospektiv zu beeinflussen. Als Beispiel mag der Einsatz von roter Schuhcreme bei einem hellbraunen Schuh dienen, durch den ein Chilifarbton erzwungen werden kann. Anderseits birgt diese Manipulation die Gefahr in sich, dass das Leder scheckig werden kann, wenn zu große Farbdifferenzen gewählt werden. Es gilt also, behutsam oder schrittweise vorzugehen.

Vor allem kann ich durch dieses Eingreifen die Schuhfarbe besser der Farbe des Gürtels angleichen (und umgekehrt), da der primäre Kauf einer identischen Farbe von Schuhen und Gürtel schier unmöglich scheint. Ich putze also auch meine Ledergürtel gelegentlich und schaffe so Freude an gleichmäßigen Farbnuancen meiner Schuhe und Gürtel.

Immer wieder ertappe ich mich dabei, dass ich verstohlen einen Blick auf die Schuhe meiner Mitmenschen werfe – nicht nur, um den Grad der Gepflegtheit zu prüfen, sondern um zu schauen, ob die Gürtel farblich und stilistisch zu deren Schuhen passen.

Bei meinem Blick auf die Gürtelschnalle der Mitmenschen sehe ich natürlich unvermeidbar auch, ob der Träger an Körpergewicht zu- oder abgenommen hat. Da ein längeres Tragen in einem bestimmten Loch Druckspuren im Gürtel hinterlässt, erkennt man, wenn die Markierung im Gürtel nach links bzw. nach rechts verschoben ist, ob der Gürtel zurzeit weiter oder enger getragen wird und sich damit das Gewicht verändert zu haben scheint. Gürtel untereinander auszutauschen passiert ja nicht so häufig.

Lieber würde ich mir wahrscheinlich einen neuen Gürtel kaufen, als die Umgebung offenherzig an meiner persönlichen Gewichtsentwicklung teilhaben zu lassen. Als Lebenserfahrener weiß ich natürlich aber auch, dass die Weite des Gürtels nur teilweise etwas mit dem Gesamtkörpergewicht zu tun hat, weil man mit zunehmendem Alter – bei gleichem absoluten Gewicht – seine Körperproportionen verändert (zum Leidwesen vor allem im Hüft- und Gürtelbereich).

Ach ja, wir waren ja eigentlich gerade bei den Schuhen: Nach einer ungefähr einstündigen Phase des Einziehens der Schuhcreme wienere ich die Schuhe gründlich mit einer weichen Bürste, wobei die Farbe der Borsten grob auch auf die Schuhcremefarbe abgestimmt wird. Abschließend wird mit einem weichen Tuch nachgearbeitet, um den letzten Glanz zu verleihen und eventuell überschüssige Schuhcreme zu entfernen, die beim Tragen die Hosenränder verunzieren könnte.

Da ich stets mehrere Paar Schuhe putze, ist während der periodischen Schuhputz-Prozedur automatisch ein gleichmäßiger zeitlicher Abstand zwischen den einzelnen Schritten feuchtes Tuch, Eincremen, Bürsten und Nachpolieren gewährleistet.

Fast unnötig zu betonen ist, dass ich ein bestimmtes Paar Schuhe nicht häufiger als höchstens jeden dritten Tag trage, um die von meinen Füßen auf den Schuh übergegangene Feuchtigkeit vollständig abtrocknen zu lassen. Kurze Überlegungen kommen auf, wenn ich ein Paar Schuhe nach nur einigen Stunden des Tragens wechseln muss, beispielsweise beim Anpassen der Kleidung aus einem bevorstehenden Anlass. Hierbei gilt es abzuwägen, ob dasselbe Paar gleich wieder angezogen wird oder die Schuhe bereits zu diesem Zeitpunkt gewechselt werden.

Als Entscheidungshilfe ziehe ich praktische Erwägungen hinzu, wie den Grad des Schwitzens bis zu diesem Zeitpunkt. Oder sollte ich bei der Entscheidung des Schuhwechsels mitten am Tag nicht auch die vorausgesagte Außentemperatur des restlichen Tages berücksichtigen? Aber spielt es für die Frage des Wiedereinsatzes wirklich eine Rolle, ob ein Schuh innerhalb einer Stunde oder eines ganzen Tages durchgeschwitzt wurde? Feucht ist feucht – im Zweifel werde ich daher ein frisches Paar wählen.

Schuhe werden auf Holzspannern gelagert, die natürlich meinem schmalen Schuhleisten (falls es Sie interessieren sollte: Es ist B oder C) angepasst sind. Ich bevorzuge Spanner, die nicht – mit einem vorgegebenen Schraub-Druck mechanisch fixiert – Schuhe (über)dehnen könnten, sondern wähle Schuhspanner, die lediglich einen leichten sich anpassenden Federdruck in alle Richtungen des umgebenden Schuhs ausüben.

Wichtig ist mir darüber hinaus der Zeitpunkt, zu dem Schuhspanner in Schuhe eingesetzt werden: Bei durch Schwitzen oder durch Regen feucht getragenen Schuhen werde ich Schuhspanner nicht sofort, sondern erst nach ein paar Stunden oder gar am nächsten Morgen einsetzen, damit die Schuhe nicht im feuchten Zustand unnötig gedehnt und umgekehrt sofort hineingespannt werden, wenn bestimmte Schuhe bewusst etwas weiter gemacht werden sollen.

Bei sehr feuchten Schuhen lagere ich die Schuhe über Nacht auf die Seite gekippt, um gleichzeitig ein leichteres Abtrocknen sowohl der Ledersohle als auch des Oberleders zu gewährleisten. In regenreichen Zeiten oder Regionen werde ich eine sehr saugfähige Unterlage oder noch besser ein gut zu belüftendes Schuhregal einrichten.

So gut wie alle Schuhe von mir sind Schnürschuhe. Das alleine unterscheidet mich naturgemäß nicht von Sneakers-Trägern (gegen die ich im Übrigen überhaupt nichts einzuwenden habe, alles zu seiner Zeit und Gelegenheit). Wie ich Ihnen aber bereits verriet, liebe ich Lederschuhe – im Idealfall rahmengenäht.

Und damit kommen wir auf das Thema Schnürsenkel. Ähnlich wie beim Paketpacken wähle ich zunächst grundsätzlich einen stabilen, originären „Kreuzknoten" und keinesfalls einen sich selber leicht wieder öffnenden „Altweiberknoten". Um mehr Schutz vor einer steten schrittweisen Lockerung des Knotens zu gewährleisten, binde ich eine Doppelschleife, d. h., ich setze auf den Kreuzknoten bewusst noch einen halben Schlag in Altweiberknoten-Manier drauf.

Ihre Ungläubigkeit vorausahnend, bekunde ich Ihnen, dass auf diese Weise auch die Doppelschleife an einem der beiden losen Enden aufgezogen wird, was mit einem zusätzlichen halben Schlag, der zu einem echten zweiten Kreuzknoten gebunden wird, nicht möglich wäre. Der Herausforderung, eine solche Doppel-Schleife blind (beispielsweise unter einem Tisch) binden zu können, setze ich mich zur Übung gelegentlich gerne aus.

Beim Schuhe zubinden wähle ich verschiedene Spannungen der gekreuzten Schnürsenkel im Schuh, damit der Knoten beim Schleifebinden jedes Mal ein ganz klein wenig versetzt Scheuerdruck ausübt und der Schnürsenkel so weniger schnell dünngescheuert wird und reißt.

Die nächste Problemstellung widmet sich den Schuhsohlen. Ich kenne die Zusammenhänge, dass beim normalen Gehen sowohl die üblichen Stellen der mittleren vorderen Sohlen mit der Zeit dünnhäutig werden als auch die von den meisten Menschen schräg abgelaufenen Absätze. Dieses Wissen führt bei mir zu manchmal möglicherweise grotesk anmutenden, vor der Öffentlichkeit aber streng zu verbergenden Bemühungen der Vorbeugung, vorzugsweise andere, ansonsten nicht in Anspruch genommene, Partien der Schuhsohle zu belasten und die üblicherweise gefährdeten Regionen zu schonen.

Aus verwandten Beweggründen verrücke ich auch im Garten regelmäßig Stühle und Tische auf dem Rasen, weil ansonsten die Druckstellen der Beine der Gartenmöbel das Rasenwachstum bereits nach 24 Stunden behindern und helle, chlorophyllarme Flächen hinterlassen.

Ähnliche Gedanken setze ich auch bei Trampelpfaden und Abkürzungen auf Wiesen und Gärten im öffentlichen Bereich in

Taten um. Ich betrete bewusst neues Terrain, nicht, weil ich nicht mag, dass die Elefantenherde vor mir den Weg vorgegeben haben könnte, sondern um eine gleichmäßige Abnutzung und ein Schonen von Grünflächen zu gewährleisten.

Küche

So – jetzt betrete ich als bekleideter Mensch meine Küche. Ich weiß, dass die meisten Menschen, wenn sie in diesem Bereich an Ordnung oder Systeme denken, die Besteckschubladen meinen. Wie herum allerdings Kochlöffel in die Schublade geräumt werden, nämlich entweder mit dem Griff nach vorne, was hygienischer ist, weil man nicht in die Löffelmulde fasst, oder mit dem Kopf nach vorne, was die bessere Übersicht zur schnelleren Auswahl des richtigen Werkzeuges bietet, ist mir nicht der vordringlichste Aspekt (obwohl ich Variante eins bevorzuge und die Schublade lieber etwas weiter aufziehe; Schubladen ohne fixierten Stopp gibt es ja nur noch in antiken Kommoden).

Auch die Diskussion um das Einräumen einer Geschirrspülmaschine wurde allzu oft unter Bekannten und Freunden strapaziert. Doch hier fängt es zumindest an, interessant zu werden, und Sie können gerne mit mir Kontakt aufnehmen, um meinen Horizont zu erweitern, da ich zugeben muss, dass es in dieser Frage verschiedene Möglichkeiten gibt.

Aus meiner Sicht sollten Gabelspitzen nach oben zeigen, damit sie sich nicht im Gitterboden des Korbes verfangen und eventuell während des Waschvorgangs verbiegen können. Bei Löffeln und Messern hingegen bevorzuge ich die Position mit dem Griff nach oben, um nicht beim Herausnehmen Stellen des Bestecks, die später im Mund landen, anfassen zu müssen. Und schon gar nicht möchte ich in die Gefahr geraten, in Messerklingen zu greifen.

Ich räume die Geschirrspülmaschine von hinten nach vorne ein, um nicht ständig über dreckiges Geschirr zu greifen. Ich achte darauf, dass jeweils gleiche Geschirrteile in der Spülmaschine zusammen und voreinander einsortiert werden, was dafür sorgt, dass ein gleichmäßiger Spalt zwischen den einzelnen Geschirrstücken gegeben ist und außerdem hinterher das saubere Geschirr zusammenhängend in den Schrank sortiert werden kann.

Während das Geschirr durch die vorgegebenen Gitterbügel (die man nach häufigem Gebrauch nachbiegen muss) in der Maschine gleichmäßig auseinandergehalten wird, gilt dies für das Besteck in Körben keineswegs. Hier könnten sich gleiche Teile direkt aneinanderschmiegen, mit der Folge, dass sie aneinanderkleben und dreckig bleiben. Das Paradebeispiel dafür sind Löffel gleicher Größe in einem Fach. Dies passiert vor allem, wenn man eine Handvoll Besteck als „Blumenstrauß" in den Besteckkorb fallen lässt.

Aus lauter Sorge um dieses Problem verteile ich lieber auch gleiche Besteckteile im Korb, so dass nur jeweils ein identisches Teil in einer Unterabteilung des Besteckkorbes landet, auch wenn sich dadurch beim Ausräumen das Zusammensuchen der passenden Besteckstücke um Sekunden verlängert. Ich ahne es – hier könnten Sie anderer Meinung sein (was mir übrigens überhaupt nichts ausmacht, da es mir lediglich um eine bewusste Entscheidung für das Handeln geht).

Für das Ausräumen der fertig gewaschenen Geschirrspülmaschine hat sich für mich herausgeschält, dass drei gleiche Teller – von vier Fingern einer Hand gefasst (jeweils mit einem Finger als Puffer zwischen den Tellern) – den besten Kompromiss darstellen zwischen einerseits dem Risiko, beim Greifen von mehr Teilen das Geschirr (gerade bei großen Tellern) fallen zu lassen, und anderseits einer ökonomisierten Entnahme. Voraussetzung dafür, dass diese Überlegungen praktisch greifen können, ist natürlich, dass gleiche Teile direkt hinter- oder voreinander in die Geschirrspülmaschine einsortiert wurden.

Den Zeitpunkt des Anschaltens einer Geschirrspülmaschine kann man beeinflussen und sie beispielsweise erst einen Tag später in Betrieb nehmen, wenn man bei der Herausnahme von Geschirr aus dem Schrank bestimmte Teile bevorzugt, für die noch Platz in der Maschine ist, oder umgekehrt bestimmte Teile vermeidet, wenn der Platz dafür nicht mehr frei ist. Ich akzeptiere daher manchmal, dass auch weniger für den akut geplanten Gebrauch geeignete Teller oder Gläser für den Gebrauch gewählt werden, wenn sie sich dafür hinterher in der Geschirrspülmaschine bestmöglich einordnen lassen.

Eine Alternative ist es, ein Stück Geschirr, das nicht in eine Reihe einzuordnen ist, mit der Hand abzuwaschen, um die Geschirrspülmaschine nicht vorschnell oder ungeeignet zu füllen. Selbstverständlich hängt diese Handwäsche auch davon ab, was sich vorher auf dem Teller befunden hat. So werden auch Sie wahrscheinlich nach einer Fischmahlzeit eher Teller kurz abspülen oder mit der Hand abwaschen oder die Spülmaschine, selbst wenn sie nicht optimal gefüllt, in Betrieb nehmen.

Haben Sie auch die Erfahrung gemacht, dass beim Handspülen die „Haptik" (das Gefühl beim sachten Streichen über Geschirrteile) viel hilfreicher für die Beurteilung von angetrockneten Speiseresten ist als die Optik durch das grobe menschliche Auge – nicht nur bei farbigen oder gar gemusterten Geschirrteilen? Nur berührungsgeprüfte Geschirrteile dürfen abgetrocknet werden.

Beim Einräumen von Geschirr aus der Spülmaschine in den Geschirrschrank hat sich eine nicht unumstößliche, aber doch bewährte Regel herausgeschält, nämlich dass ich ein Geschirr-teil oben auf den Stapel packen „darf", während ich ab zwei Teilen den Stapel anhebe und die Stücke darunter schiebe. Dies erscheint mir ein vernünftiger Kompromiss für einen turnus-mäßigen Geschirrgebrauch zu sein.

Dabei bilde ich mir ein bisschen ein, dass das Anlupfen größerer Tellerstapel fast ein Hanteltraining ersetzt. Zeitlich gesehen ist es empirisch so, dass beim Einräumen des sauberen Geschirrs in den Schrank üblicherweise mehr Zeit für all diese Gedanken zur Verfügung steht als beim eiligen Tischdecken.

Mindestens genauso wichtig wie beim Geschirr ist mir das Prin-zip des jeweils „Nach-unten-Legens" bei gewaschenen Wäsche-stücken – wie beispielsweise Handtüchern oder Taschentüchern. Bei Menschen, die Lieblingskleidungsstücke vorziehen, besteht die Gefahr völlig einseitiger, wiederholter und rasch verschlei-ßender Benutzung – nicht zu vergessen die Langeweile für die betrachtende Umgebung.

Zusätzlich spielen – bei unterschiedlichem Design der gestapel-ten Wäschestücke – Farbaspekte eine nicht zu unterschätzende Rolle. Ich sortiere mehrfarbige Stapel (Handtücher, Taschentü-cher, Wischlappen, usw.) einmal nach ästhetischen Vorstellungen für die Reihenfolge der Farben und Muster vor, um sie fortan in dieser Reihenfolge zu benutzen.

Und schon wieder bin ich abgeschweift! Wir befinden uns noch in der Küche. Von der Industrie aufgedruckte Barcodes oder Preisschilder auf Gegenständen, die nicht (oder nur unter Ver-letzung des Objektes) zu entfernen und infolgedessen ständig zu sehen sind, empfinde ich als Zumutung und egoistisches

Banausentum der Hersteller. Es ist (fast) ein Kaufkriterium, solche Teile nicht zu nehmen.

Dass Menschen aus krimineller Absicht im Laden Etikette tauschen, mag vorkommen, rechtfertigt aber nicht die erschwerte oder vereitelte Entfernung zuhause. Aufkleber, die entfernt werden können (auch wenn es Mühe bereiten sollte), werden natürlich möglichst spurlos beseitigt. Dies gilt auch für Blumentöpfe und andere ähnliche Gegenstände (die zwar vielleicht weniger wichtig sein mögen, aber genauso ins Auge fallen).

Dieses sich Über-die-Industrie-Ärgern übertrage ich auch auf Menschen, die auf neu gekauften Gegenständen zu diesem frühen Zeitpunkt vielleicht noch leicht zu entfernende „Kristallglas"-, „Passed"- oder „Kontrolle"-Schilder auch nach Monaten oder Jahren nicht sehen oder die diese nicht stören. Dabei werden alle Klebeschildchen doch mit jedem Monat trockener und schwieriger zu entfernen. Im Einzelfall kann man an trockenen Aufklebern in Geschäften Ladenhüter identifizieren.

Kochtöpfe stelle ich mit dem (passenden) Deckel so in die Schublade, dass der Deckel „falsch" herum auf dem Topf liegt, weil der Topf sonst Luftzirkulations-verhindernd verschlossen wird und nicht zu Ende austrocknen könnte. Den Deckel richtig herum zu platzieren, und dennoch einen kleinen Spalt zu lassen, ist aus meiner Erfahrung zum Scheitern verurteilt, da Deckel beim Öffnen und Schließen der Geschirrschublade oder des Schrankfaches allzu leicht auf ihren angestammten Platz rutschen. Mit einem andersherum aufgelegten Deckel kann dieser zwar verrutschen – aber zumindest nicht die Zirkulation behindern.

Generell bevorzuge ich Systeme, die ein kreatives Nachdenken erfordern – nicht nur ein stumpfes z. B. symmetrisches

unterschätzte Zentrifugalkräfte

des Kühlschranks.

Ausrichten. Dies kann am Beispiel des Kühlschranks deutlich gemacht werden. Auf welcher Höhe im Kühlschrank Käse oder Obst am besten gelagert werden sollte, hat die Industrie längst in ihren Konstruktionen berücksichtigt und jedem in Betriebsanleitungen zugänglich gemacht.

Eines meiner Lieblingsbeispiele, die ich anführe, wenn die Sprache auf den Alltags-Anankasten kommt, ist die Reihung der Flaschen in der Kühlschranktür. Da bei jedem Öffnen und Schließen der Kühlschranktür ein kurzer Zentrifugationseffekt entsteht, wird für mich zwangsläufig diktiert, wie die Reihung der Getränkeflaschen auszusehen hat, um ein Durchschütteln der Flaschen zu minimieren.

Da an der Scharnierseite der Kühlschranktür der geringste Zentrifugationseffekt gegeben ist, ordne ich an dieser Stelle beispielsweise bereits geöffnete Sekt- oder Weißweinflaschen ein, die möglichst wenig geschüttelt werden sollten (Rotweinflaschen werden hier nicht diskutiert, da sie nicht in einen 5–7 Grad Celsius Kühlschrank gehören). Daneben folgen Sprudelflaschen, die durch vermehrtes Schütteln verstärkt ihre Kohlensäure verlieren würden, dann Milch (so schnell wird daraus keine Butter) und schließlich unkompliziert an den äußeren Rand des größten Zentrifugationseinflusses werden unempfindliche Saft- oder Wasserflaschen aufgestellt. Ich wäre dankbar, wenn ich Ihr System erfahren könnte, da es bestimmt auch andere Kriterien für eine Reihung in der Kühlschranktür gibt!

So wie es bereits seit längerer Zeit Küchenschubladen gibt, die den letzten Teil des Schließvorganges leise, weich und von alleine vornehmen, ist es mir ein Bedürfnis, die kinetische Energie des Armschwunges zum Schließen der Kühlschranktür so im Voraus zu berechnen, dass sie gerade eben zufällt, ohne den Inhalt zum

Schütteln zu bringen oder anderseits durch überschwänglichen Schwung gar wieder aufzuspringen zu lassen.

Bei der sehr individuellen Berechnung jedes Schwungs der Kühlschranktür muss ich daher berücksichtigen, ob es sich in der Tür um eher volle und schwere, halbleere und leichtere bzw. Glas- oder Plastikflaschen handelt. Ein solches lebenslanges Trainieren des Abschätzens ist einer meiner system- und spaßunterhaltenden Faktoren.

Mit Magneten und Zetteln zugemüllte äußere Kühlschranktüren verabscheue ich. Ich kann mir beim besten Willen nicht vorstellen, dass es Informationen geben soll, die sich permanent in direkter Sichtweite befinden müssen und es nicht erlauben, eine Schublade oder einen Schrank zu öffnen, um dort zu finden, was man sucht und an was man erinnert werden möchte. Ich erwarte von meinen Mitmenschen, dass sie sich genau überlegen, welche Gedächtnislücken sie vor Besuchern preisgeben möchten.

Aber eigentlich ist doch jedem bewusst, dass Zettel oder Beschriftungen bereits nach kurzer Gewöhnungszeit gar nicht mehr wahrgenommen werden und ihren Erinnerungscharakter komplett verlieren. Wenn man aber darum weiß, warum kann man dann die Zettelwirtschaft nicht unterlassen und die beruhigende Leere aktiv genießen, anstatt sowieso nicht mehr gesehene Schlampereien permanent zu ignorieren?

Eine Ausnahme mögen vielleicht wenige und sehr gezielt ausgesuchte Familienfotos sein, vor allem, wenn diese stets dem Altersstand der abgelichteten Personen angepasst werden und nicht vergilbt, verbogen und verfettet ein unbeachtetes, tristes Dauer-Dasein an Kühlschranktüren fristen.

Nachdem wir nun genug in der Küche räsoniert haben, wird es Zeit, über das Frühstück nachzudenken. Die längste Zeit meines Lebens habe ich morgens weder Kaffee noch Tee getrunken, weil es mir nicht einleuchtete, dass man den Tag – in einem hoffentlich mehr oder weniger ausgeschlafenen Zustand – regelmäßig nicht ohne wachmachende Drogen beginnen können sollte. Ich fand, dass die Zeit für solch stimulierende Getränke (oder anders gesagt: bitteres heißes Wasser mit negativen pharmakologischen Eigenschaften) frühestens nach dem Mittagsessen gegeben war, wenn dann vielleicht ein Müdigkeitstief zu bekämpfen war.

Mit zunehmendem Alter beobachte ich bei mir eine Verschiebung der Genussmittel um eine Mahlzeit nach vorne: Kaffee von nachmittags nach morgens und Wein von abends nach mittags – was keine Ausschließlichkeit bedeuten soll. Dies begründe ich nicht nur damit, dass bei mir kein Arbeitsleben meiner eventuell verstärkten Mittagsmüdigkeit im Wege ist, sondern durch den intensiveren Genuss im Nüchtern-Zustand für das jeweilige Genussmittel zu einem vorgezogenen Zeitpunkt.

Ich wundere mich darüber hinaus, dass Menschen sich überhaupt an primär nicht wohlschmeckende Genussmittel gewöhnen. Ich bin mir sehr sicher, dass es kaum einem Menschen gibt, dem die allererste Tasse Kaffee, das erste Glas Alkohol oder die erste Zigarette wirklich geschmeckt haben – der Langzeitgenuss scheint also nur über eine aktive Überwindung von natürlich gegebenen Abneigungen möglich zu sein.

Wer eine Siebträger-Espressomaschine besitzt, wird sich vielleicht schon ähnlich wie ich über die verschiedensten Variablen verzweifelt haben, wie Kaffeemenge, Mahlgrad, Druck des Tampens, Durchlaufzeit, vorherige Wasseraufbereitung oder Wahl des Wassers, Wassertemperatur, Kesseldruck, Häufigkeit der

Reinigung des Wasserbehälters und Entkalkung der Maschine, Entölung der Kaffeemühle usw., die es gilt in ein optimales Verhältnis zu bringen. Da denkt man ja schon fast, die Kaffeesorte spiele eine untergeordnete Rolle …

Gänzlich unabhängig vom Nachdenken über die gerade genannten Genussmittel habe ich mir eine stete Erweiterung meines früher doch etwas eingeschränkten allgemeinen Nahrungsrepertoires vorgenommen – ich nenne dies „systematisches Genusstraining". Dies betrifft nicht nur die Auswahl von neuen Käsesorten, sondern auch das Kennenlernen von bisher fremdartigen Geschmacksrichtungen anderer Länder.

Das Frühstück lasse ich allerdings oft aus – ich bin der Meinung, dass man regelmäßig irgendwann im Laufe des Tages eine Hungerphase mit leichtem Leidensdruck einbauen muss, um die Gewichtsentwicklung in einem gewünschten Bereich zu halten. Für mich ist das Frühstück die am leichtesten verzichtbare Mahlzeit – das mag bei Ihnen aber ganz anders geartet sein.

Esszimmer

Ich möchte Ihnen jetzt einen Eindruck vermitteln, wie es sich aus meiner Sicht darstellt, wenn ich in Gesellschaft esse. Bei einer Käsemahlzeit bin ich hinterher viel gesättigter als gewollt, da ich ständig die Käsestücke wieder gerade schneide, die meine Mitmenschen in ihrer Ignoranz oder aus Egoismus – nämlich, um das Weiche vom Käse zu erhaschen – verunstalten und Halbmonde in den Rindenkäse schneiden. Ich schneide Käse gerne mit einem Brotmesser, welches aufgrund seiner Größe einen einheitlichen und geraden Schnitt durch Rinde und Käse erlaubt und dem Namen „Scheibe" seine eigentliche Bedeutung verleiht.

Nachdem ich mit anderen Menschen eine Mahlzeit geteilt habe, sieht man unschwer, an welchem Platz ich gesessen habe. Während ich beispielsweise meine Kirschkerne zu einem ordentlichen Häufchen staple oder gar eine Pyramide baue, scheint meine Mitesser eine randomisierte, gedankenlose Ablagerung auf dem ganzen Tellerrand nicht zu stören.

Ein Joghurt löffele ich aus, indem ich zunächst die Unterseite des Blechdeckels von seinen produktions- oder fehlaufbewahrungsbedingten Inhalten befreie – alles andere wäre Verschwendung. Gleichzeitig fürchte ich, dass ansonsten – wenn das Joghurt nicht in Gänze vernascht wird – angetrocknetes Joghurt am Deckel und im oberen geknickten Becherrand verbleibt, was mir am nächsten Tag den Appetit verderben könnte, und eine größere Umgehung dieses Bereichs zu noch mehr Verschwendung führt.

Ein Fruchtjoghurt rühre ich vor dem Genuss um und bin bemüht, eine homogene Mischung aus Joghurt und Fruchtmark herzustellen. Schwieriger ist die Situation bei

Zwei-Komponenten-Süßspeisen, wie beispielsweise einem Creme-Karamelle oder einem Schokolade-Sahne Becher, die nicht im Vorhinein gemischt werden möchten.

Falls Sie jetzt nachfragen, wie das denn bewerkstelligt werden sollte, würde ich Ihnen antworten, dass hier die geeignete Technik von jedem individuell und evolutionsmäßig erarbeitet werden muss. Ziel kann es sein, eine gleichmäßige, parallele Entleerung der oberen Schicht und des Hauptinhalts bis zum letzten Löffel zu sichern. Vielleicht sollten wir uns einfach einmal zusammen vor zwei solchen Nachtischen treffen!

Zu viel genommene Butter würde ich niemals mit dem Messer wieder am Rand des Buttergefäßes abstreichen, weil dies von dem nächsten Benutzer als eklig empfunden werden könnte. Und wenn dann auch noch Butter und Marmelade vermischt werden, entsteht für mich eine undenkbare Zumutung.

Das Gleiche gilt für eine Salben- oder Cremedose – lieber laufe ich die nächste Zeit mit „glibschigen" Händen herum, als meine Fehleinschätzung einer zu großen Salbenentnahme mit einem Affront dem nächsten Benutzer gegenüber zu verbinden.

Auch beim Anblick eines Apfels frage ich mich (aber auch Sie), wie herum Sie einen Apfel auf einen Teller oder eine Unterlage legen, da es doch drei Möglichkeiten gibt: erstens mit dem Stiel nach oben – dann ist der Schwerpunkt des Apfels zwar aufgrund seiner gegebenen Form nach oben verlagert (der Apfel behält die ästhetisch schönste Form und kippt trotzdem nicht allzu leicht um), zweitens auf die Seite (dann rollt der Apfel leicht weg und fällt gar vom Tisch), oder schließlich drittens auf die Stielseite (was theoretisch aufgrund der typischen Apfelform mit tief liegendem Schwerpunkt am ehesten eine stabile Lage

garantiert, aber ein vorhandener Stiel die Achse leicht in Schief-
lage bringen kann).

Also bleibt es meist dabei, dass der Apfel mit dem Stiel nach oben
auf den Tisch gelegt wird. Die Hauptsache für mich ist, dass alle
Dinge des täglichen Lebens als bewusster Schritt durchgeführt
werden. So werden meine Überlegungen gelegentlich auch durch
physikalische, mathematische oder statistische Wahrscheinlich-
keiten beeinflusst.

Das Essen eines Apfels bietet Grund für weitere Überlegungen:
Ich verstehe diejenigen Mitmenschen nicht, die einen mittigen
Ring in einen Apfel beißen. Ich stelle mir vor, dass sie dies tun,
weil sie der irrigen Meinung sind, dass der Apfel in der vorge-
wölbten Mitte das meiste Fruchtfleisch hergibt, obwohl dort doch
lediglich das Apfelgehäuse dem Biss am nächsten ist.

Wahrscheinlich ist es aber eher einfach eine Unüberlegtheit im
Angesicht eines verführerischen, runden und knackigen Apfels. Die beschriebene übliche Art des Essens führt dazu, dass
sie dreimal um den Apfel herum beißen müssen, während ich
zwei Ringe bevorzugt, die sich randbetont jeweils ober- und
unterhalb des Gehäuses befinden und so einen vollmundigen
Apfelgenuss erlauben.

Mir bringt es Spaß, einen Apfel zu schneiden – nicht nur wegen
der Haptik des Apfelfleisches. Ich tue dies nach einem wechselnden, aber bestimmten System, beispielsweise in mindestens
vier, besser acht oder mehr mundgerechte gleichmäßig geteilte
Stücke bzw. Scheiben. Gelegentlich schnitze ich aber auch unterschiedliche freie geometrische Formen.

Bei der Benutzung eines Apfelschneiders, der acht identische Stücke fabriziert, frage ich mich ernstlich, ob dies ein praktisches Hilfsmittel darstellt oder nicht doch eher die Phantasie tötet. Denn Phantasie ist mir wichtig, wenn ich neue Aspekte zu meinen Denksystemen hinzufügen möchte.

Ich esse gelegentlich gerne Baumkuchen. Während manche Menschen hauchdünne Scheibchen rund um den Baumkuchen bevorzugen – angeblich, um den Geschmack zu steigern, was aber nach meiner Erfahrung nicht stimmt und technisch auch nicht einfach ist –, schneide ich eine ungefähr 1 cm dicke Scheibe um den Baumkuchen herum und diese Ringe dann wiederum in kleine Ein-Bissen-große Tortenstückchen, was dem Namen „Kuchen" gerecht wird und zu einer geeigneten Menge Baumkuchen im Mund führt, die auch bei mir Genuss erlaubt.

Tischdecken ist für mich keine Strafe. Wein- oder Wassergläser werden im gleichen Abstand zueinander oberhalb des Tellers auf den Tisch drapiert und in eine gerade, oder (je nach Anzahl der Gläser) auch halbrunde, Reihe gebracht. Besonderen Spaß macht es mir, die Stellung der Gläser nach dem Muster des Tischtuches oder, im Falle von einfarbigen Tischdecken, nach den Bügelknicken auszurichten.

Bei letzterer Variante gibt es die beiden Möglichkeiten, entweder Linien streng zu vermeiden und Gläser exakt in der Mitte eines Karos oder von vier Falten zu platzieren oder – in Analogie zum Mühle-Spiel – kreuzende Linien zu bevorzugen und das Tischtuch mit den Gläsern zu glätten.

Darüber hinaus eröffnen sich die beiden Möglichkeiten – gleichzeitig aber auch der Entscheidungszwang dazu –, Gläser in einer Reihe so aufzustellen, dass entweder die Mitte der Gläser bzw.

deren Gläserstiele oder aber der (vordere oder hintere) Rand der Glasböden als Bezug gewählt wird. Letzteres ergibt ein etwas irreguläres Muster, da unterschiedlich große Gläserböden auch unterschiedliche Mitten besitzen, so dass ich die erste Lösung vorziehe.

Während des Essens drängen sich die nächsten offenen Fragen auf: Ein gemischter Speiseteller stellt mich vor eine nur schwerlich in meinem Sinne zu lösende Herausforderung. Hebe ich mir das Schönste für zuletzt auf und richte die Reihenfolge des Verzehrs nach Gesichtspunkten meiner Geschmacksvorlieben oder geht es nicht vielmehr darum, das „Abessen" eines vollen Tellers nach Ordnungs- und Musteraspekten der Nahrungsmittel zu steuern?

Ich bemühe mich beispielsweise Fleischstücke oder asymmetrische Kartoffeln zunächst reduzierend in eine wohlgeformte Gestalt zu bringen oder die weniger ebenmäßigen Nahrungsmittel als Erstes zu essen und so ein kurzlebiges „Kunstwerk" auf dem Teller entstehen zu lassen, bevor der Rest auch „mit den Augen gegessen wird". Auf jeden Fall hebe ich mir das Beste für zuletzt auf.

Dies führt dazu, dass ich beispielsweise bei Obst erst die überreifen oder beschädigten Beeren esse, um mir die schöneren (aber auch länger haltbaren!) vorerst aufzubewahren – mit dem Risiko, dass dann andere Esser diese Stücke wegschnappen, weil sie sich immer das Beste angeln.

Ich überrasche mich manches Mal dabei, dass ich beim Essen in Gesellschaft unauffällig auf die Teller meiner Mitmenschen schiele, ob die sich wohl ebenfalls ein System zurechtgelegt haben und anderseits, ob und wie diese mit meinen – im Extremfall infantilen – Szenarien umgehen.

Beim Essen einer Handvoll Erdnüsse esse ich zuerst die halben Erdnüsse, dann die kleineren und die eher etwas asymmetrischen, ganzen Erdnüsse, um schließlich die ungebrochenen, großen und schön geformten Erdnüsse mit ungetrübter Freude zu mir zu nehmen. Dabei prüfe ich die Festigkeit des Zusammenhaltes der ganzen Erdnüsse vorsichtig mit den Zähnen, um die leicht in zwei Hälften auseinanderfallenden Erdnüsse zuerst zu kauen und die stabileren Erdnüsse bis zum Schluss aufzuheben.

Haben Sie schon einmal geröstete, gesalzene Erdnüsse für eine Minute im Mund behalten? Ist es Ihnen dabei aufgefallen, dass sich dabei der Geschmack verändert? Diese schwierige, aber lehrreiche Geduldsübung wird Sie mit neuen Geschmackssensationen belohnen. Hektischen Essern bleibt so etwas ewig vorenthalten.

Dieses Vorgehen hat – wie Sie vielleicht wissen – seine Vorgeschichte: Brot verändert seinen Geschmack ganz deutlich ins Süße, wenn man den Kohlehydrat-spaltenden Enzymen im Speichel die Zeit gibt, die Stärke bereits im Mund in Zucker umzuwandeln, statt das Brot rasch und ohne Andauen hinunterzuschlucken und diese Arbeit vornehmlich den unteren Passagen des Magen-Darm-Traktes zu überlassen.

Säuglinge und vor allem Kleinkinder neigen altersgemäß zum Verschlucken von Fremdkörpern – vor allem von Erdnüssen. Dass Fremdkörperaspirationen im Erwachsenenalter nur selten vorkommen, ist mir ein Rätsel, da so viele Menschen beim In-den-Mund-Schieben verschiedenster Nahrung oder auch beim Trinken unnötigerweise gleichzeitig und oft hörbar einatmen.

Probieren Sie doch bitte spaßeshalber beim nächsten Gläschen während des Trinkens auszuatmen – das geht problemlos!

Vielleicht ist das aber auch ähnlich wie beim Füttern von Säuglingen, bei denen die meisten Menschen – während sie dem Baby den Löffel in den Mund schieben – parallel dazu ebenfalls den Mund öffnen. Testen Sie sich vor dem Spiegel!

Die Reihenfolge verschiedener Gänge innerhalb von Mahlzeiten kann man danach ausrichten, was für die Zähne am gesündesten ist. Nach diesem System esse ich zur Kariesprophylaxe nie etwas Süßes zuletzt, was nicht zuletzt auch die alte Frage „Käse oder süßer Nachtisch zuletzt" für mich klärt.

So eine Regel stimmt „zufällig" auch damit überein, dass beispielsweise Schokolade am intensivsten „nüchtern" schmeckt. Also sollte man dann nicht am besten ein Stück Schokolade (aber nicht mehr) wenige Minuten vor einer Mahlzeit essen? Dies ist nur dann nicht ratsam, wenn die reaktive Insulinausschüttung und darauffolgende Unterzuckerung und dadurch mehr Hunger für die gleich darauffolgende Mahlzeit vermieden werden sollen.

Ein weiteres meiner Lieblingsthemen ist die Frage, auf welche Weise eine Serviette benutzt wird. Nicht schwierig zu erahnen, bevorzuge ich Stoffservietten. Um nicht meine Hose zu beschmutzen, erfühle ich rasch mit der Hand die Serviettennaht und weiß somit sofort, dass die Seite ohne tastbare Naht (und damit die dreckige Seite) nach oben zeigt und die Seite mit der umgeknickten Naht (saubere Seite) nach unten zur Hose geneigt gehört. Dies kann unauffällig, schnell und heimlich auch unter dem Tisch erfolgen.

Bitte fragen Sie mich doch jetzt mal pfiffiger Weise, was ich im Falle einer Papierserviette unternehme, die keine zu ertastende Naht hat. Dann werde ich in stiller Vorfreude lächeln und darlegen, dass eine im Urzustand geviertelt gefaltete Papierserviette eine durchgehende, halbierende Falte besitzt, die ich mit dem Knick nach oben auf den Schoß lege. Die beiden anderen Viertel, welche eine nach oben und eine nach unten gerichtete Falte aufweisen, spielen keine Rolle, da die Orientierung an der durchgehenden Falte genug Unterscheidungsmöglichkeit bietet. Dieses Vorgehen erfordert allerdings einen kurzen Blick auf den eigenen Schoß.

Ich bin bei jedem Teller bemüht, auch das letzte Reiskorn aufzunehmen. Das Besondere ist, dass ich dies auch dann beibehalte, wenn ich sicher bin, dass ich mir gleich noch ein zweites Mal nehmen werde. Nach dem Essen braucht man meinen Teller eigentlich kaum noch abzuwaschen.

Wenn man sich ein zweites Mal nimmt, gibt es einerseits die Möglichkeit, einen Teil der Nahrungsmittel zu ergänzen, um zwischendrin das individuell gewünschte Verhältnis anzugleichen (beispielsweise von Fleisch/Fisch, Gemüse, Reis), oder anderseits, weil man noch nicht satt ist, sich eine zweite Portion im „richtigen" Verhältnis zu genehmigen.

Beide Möglichkeiten dürften bei mir eigentlich nicht vorkommen, da es ein „Die Augen waren größer als der Magen" nicht gibt, weil ich die Menge, die ich esse (und deren Aufteilung), genau im Voraus plane bzw. bei einer der sehr seltenen Fehleinschätzungen lieber bis über die Sattheitsgrenze hinaus fortfahre, als etwas Essbares auf dem Teller liegen zu lassen.

Das altmodische Argument, dass der Hausfrau mit Hilfe einer liegengebliebenen Kartoffel oder gar eines kleinen Stückchen Fleisches signalisiert werden muss, dass sie genug gekocht hat, zählt für mich in heutigen Zeiten, in denen das Wegschmeißen von Nahrungsmitteln mit Recht zunehmend geächtet ist, nicht mehr.

Ich hinterlasse leider oft den nicht ganz von der Hand zu weisenden Eindruck, dass ich hektisch oder zumindest sehr schnell esse. Ich versuche, dieses mit Recht als ungesellig betrachtete Verhalten damit zu rechtfertigen, dass ich eine heiße Mahlzeit auch gerne heiß zu mir nehme. Ich träume davon, dass die Industrie praktikable individuelle Tellerwärmer für den häuslichen Gebrauch auf den Markt bringt, um auch langsamen Essern ungetrübte Freuden bei gehaltenen Temperaturen zu ermöglichen.

Warum andersherum ein Schokoladeneis für manche Leute erst zu Schokoladensauce mutieren soll, bevor es in den Mund gelangt, bleibt mir ein Rätsel, wo ich doch Eis gerne kalt esse. Jedes Nahrungsmittel hat für mich sein eigenes Temperaturoptimum.

Auf der anderen Seite beobachte ich – nur selten mit Befremdung –, dass sich Vorlieben für Nahrungsmittel und Getränke über die Zeit mehr oder weniger rasch und ausgeprägt verändern können, so dass ich manchmal fast von mir selbst überrascht bin.

Getränke

Es wird jetzt Zeit, dass ich mich um die Getränke kümmere. Wenn ich frische volle Flaschen aus dem Keller oder der Garage hole und ich mich somit mehreren gleichen Teilen gegenübersehe, bin ich in meinem Element. Eine Sprudelkiste leere ich schrittweise so, dass ein gleichmäßiges Muster entsteht, was nicht nur meinem Ordnungswunsch entgegenkommt, sondern als Nebeneffekt garantiert, dass ich nicht im Halbdunkel des Kellers oder der Speisekammer einzeln eine schier endlos erscheinende Anzahl leerer Flaschen lupfen (huch, jetzt bin ich sprachlich doch etwas weit südlich geraten) muss, um ein Exemplar zu finden, das noch voll ist.

Meist wähle ich beim Leeren der Getränkekiste ein mäanderförmiges Muster, wobei die vollen Flaschen in der linken oberen Ecke und die leeren Flaschen unten rechts beginnen. Das stellt natürlich eine willkürliche Festlegung dar. Idealerweise halte ich für eine Kiste eine Flasche zu wenig parat und lasse zur schnellen Orientierung einen Leerplatz zwischen den beiden sich verschiebenden Flaschen-Feldern (volle und leere Flaschen). Selbstverständlich werden nicht Flaschen aus verschiedenen Kisten parallel entnommen. Vollständig geleerte Kisten werden sofort im Stapel nach unten verbracht.

Nur sehr kurzzeitig und schnell wieder verworfen kommt der Gedanke auf (der aber nie umgesetzt wird), eine Pfandflasche wegzuschmeißen, wenn der Deckel verloren gegangen ist, da ich eigentlich nur vollständige Flaschen (in vollständigen Kisten) zum Händler zurückbringen möchte.

Können Sie sich eine Vorstellung davon machen, was für eine Bedeutung „Vollständigkeit" für mich hat? Würden Sie es auch in Betracht ziehen, eine Einzelflasche zu kaufen, wenn für eine vollständige Kiste eine Flasche fehlt? Oder können Sie verstehen, dass ich dazu neige, auch „einfaches" Wasser erstens über den Durst zu trinken oder aber zweitens (trotz bezahlten Inhalts) den Rest einer Flasche wegzuschmeißen oder drittens den Rest einer Flasche in ein Glas zu gießen und es so lange (inzwischen abgestanden?) herumstehen zu lassen, bis der Durst wiederkommt, nur um eine Kiste vollständig zurückzugeben?

Dass manche Mitmenschen Drehverschlüsse auf Flaschen nur unter Andeutung einer Drehung draufstecken und nicht fest zudrehen und mir dadurch Flaschen beim Anheben aus dem Kühlschrank fast hinunterfallen, lässt mich so manches Mal mehr oder weniger heimlich verzweifeln. Obwohl ich darum weiß, bin ich von so viel fauler Ignoranz immer wieder überrascht.

Ich korrigiere daher stets alle Schraubverschlüsse, wobei es mir Genugtuung bereitet, den Schließdruck individuell zu gestalten und die Dichtigkeit dem Flascheninhalt (z. B. Sprudel) anzupassen. Dies dient außerdem dazu, dass Flaschen bei fehlendem Platz in der Kühlschranktür auch in liegender Position nicht auslaufen können.

Leere Flaschen drehe ich selbstverständlich ebenfalls zu, in diesem Falle aber nur leicht handfest, so dass die Deckel nicht verloren gehen können (und als Folge womöglich das Gewinde von Mehrwegflaschen beschädigt werden könnte).

Ich störe mich immer wieder an von den Mitmenschen nicht vollständig geleerten Flaschen, die nicht nur von deren grundsätzlicher Verwöhntheit zeugen, lieber für sich eine neue Flasche zu öffnen, sondern auch dazu führen, unnötiges Gewicht wieder zum Getränkehändler zurückzutragen – ganz abgesehen von finanziellen Argumenten.

Wenn ich eine frische Getränkeflasche aus dem Keller hole, wechsele ich die Reserveflasche im Schrank aus, statt die gerade in der Hand befindliche Flasche direkt in den Kühlschrank zu stellen – selbst wenn es sich um dieselbe Kiste handelt, aus der die Flaschen geholt wurden. Ansonsten würde ich doch gar nicht wissen, wie lange eine Reserveflasche Reserveflasche bleiben würde und bei konsequentem „Nachladen" sehr spät oder niemals ausgetauscht werden würde. Und dies beachte ich, obwohl mir sehr bewusst ist, dass die Haltbarkeit von Mineralwasser nahezu unendlich ist.

Die Flaschen im Weinregal werden liegend gelagert und das Hauptetikett für das rasche Wiedererkennen einheitlich nach oben gedreht. Konsequent ist es natürlich, dass auch volle Kartons mit Weinflaschen liegend gelagert werden. Sie werden mir vielleicht zustimmen, dass es nicht immer völlig einfach ist, die Richtung der (meist sechs) Flaschen im geschlossenen Karton ohne Sicht zu beurteilen. Ein leichtes Schwenken des Kartons kann da hilfreich sein (abgesehen davon, dass manche Kartons eine korrekte Beschriftung angeben).

Bei schnelllebigen Sprudelflaschen würde (selbst mir) das Nach-vorne-Drehen des Etikettes zu weit gehen – aber Wasserflaschen warten im Keller ja sowieso unsichtbar stehend in ihren Kästen und müssen sich nicht für eine Auswahl bereithalten. Oder würden Sie so weit gehen, auch Wasserkästen auf die Seite zu kippen und waagerecht zu lagern, um Wasser und Wein gleich zu behandeln?

für kurze Arme

für noch vollere Gläser

für Weine die wenig atmen

für Weine die viel atmen

für schlechte Weine

für Banausen

für gute Weine

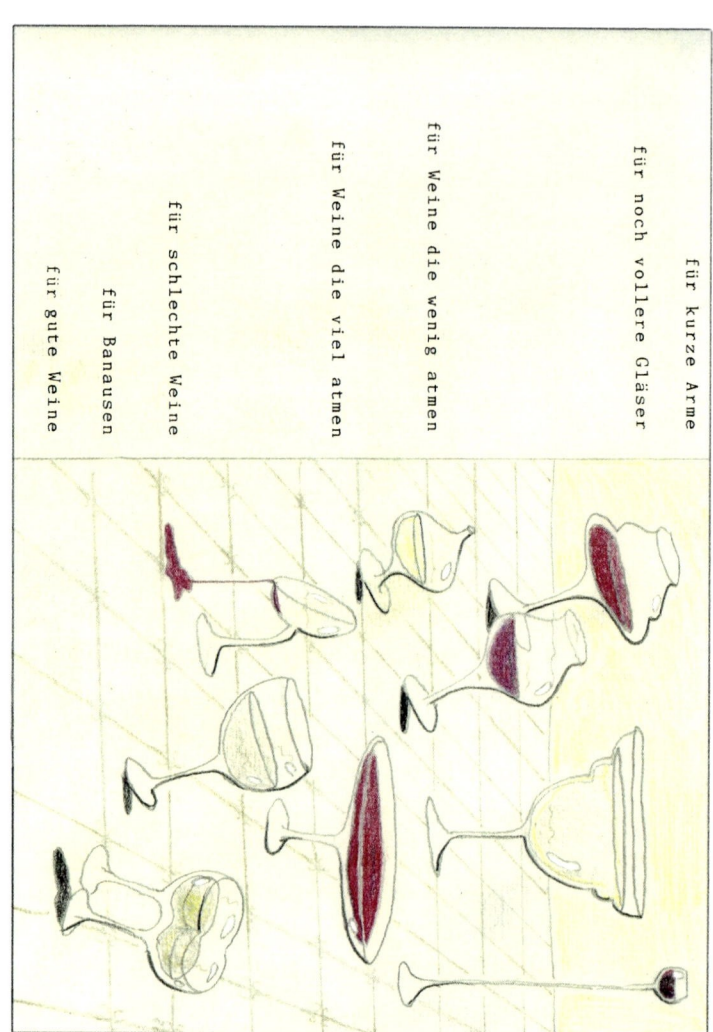

Ich bin mir nicht sicher, ob bei den heute zunehmend einge-setzten Drehverschlüssen bei Weinflaschen eine waagerechte Lagerung überhaupt noch notwendig ist, die ja nur durch das dauerhaften Benetzens des Korkens gerechtfertigt wurde.

Da es in einem abwechslungsreich sortierten Weinregal meist nicht wirklich entscheidend ist, welche Flasche zum akuten Zeitpunkt getrunken wird, wähle ich die Flasche gerne nach optischen Gesichtspunkten der Weinregal-Ordnung aus. Das Verteilungsmuster sollte (aus ein oder wenigen Metern Entfer-nung) ein gefälliges Gesamtbild ergeben. Es sei denn, der Wein muss zu einem bestimmten Gericht, zu einem besonderen Gast oder einem gegebenen Anlass passen! In diesem Fall kann ich den Missstand ja in den nächsten Tagen wieder ausgleichen.

Das Thema Wein ist eigentlich weniger mit meinen vielleicht etwas „spleenigen" Überlegungen zu beschreiben, als vielmehr in jeder Weinfibel nachzulesen. Ich greife daher hier nur wenige Aspekte heraus, die mir wichtig sind. Ich wähle den Zeitabstand vom Dekantieren bis zum Trinken nach dem individuellen Wein aus, da ich am eigenen Gaumen erfahren habe, dass unterschied-liche Weine auch recht verschiedene Dekantierzeiten erwarten. Dies erfordert eine gewisse Erfahrung im Weintrinken, die nur durch stete Übung zu erreichen ist …

Weingläser schenke ich nur bis kurz unterhalb des breitesten Durchmessers des entsprechenden Glases ein, weil sich nur so die vielfältigen Aromen optimal entfalten können. Zu volle oder nur mit „Pfützen" versehene Gläser sind gleichermaßen unbe-friedigend und unhöflich.

Mir oder meinen Gästen Wein nachschenken tue ich in der Re-gel erst dann, wenn nur noch ein kleiner Rest im Glas ist. Gäste haben mir nämlich signalisiert, dass sie ihre Trinkmenge nur dann selber im Blick behalten können, wenn sie ganze Gläser zählen können und nicht ständig kleine Mengen nachgeschenkt bekommen.

Auf der anderen Seite muss für das Nachschenken natürlich Berücksichtigung finden, ob es sich um einen kühl zu lagernden Weiß- oder Roséwein (eher baldiges Nachschenken sinnvoll, damit kein lauer Wein getrunken wird) oder um einen Rotwein (sinnvolles Oxygenieren im Glas über die Zeit für vollmundigen Genuss) handelt.

Bei einem Wechsel des Weines (nicht nur zwischen Weiß- und Rotwein, was sowieso andere Gläser erfordert), sondern selbstverständlich auch zwischen verschiedenen Sorten einer Farbe spüle ich die Gläser nie am Tisch mit etwas Mineralwasser aus, sondern werde – nicht nur beim Besuch von Gästen – in die Küche gehen und die Gläser mit klarem Wasser abspülen oder gleich neue Gläser aus dem Schrank holen. Würden Sie dieses Vorgehen übrigens auch bei unterschiedlichen Jahrgängen eines ansonsten identischen Weines für sinnvoll erachten?

Weingläser spüle ich immer selber von Hand ab, weil meine Mitmenschen entweder Weingläser in die Geschirrspülmaschine stecken und die Gläser auf diese Weise mit der Zeit „quietschig" und trübe werden, oder sie zwar die Weingläser mit der Hand abwaschen, sie aber nicht abtrocknen, sondern nass zum Trocknen hinstellen, so dass sich Kalkflecken vor allem auf der Unterseite der Bodenplatte von umgedrehten Gläsern bilden.

Obwohl die Wahl eines Glases überhaupt eine sehr große Rolle spielt, halte ich es dagegen ganz gut aus, nicht für jede Weinsorte einer Farbe ein spezielles Glas im Schrank parat zu haben – vor allem, wenn es sich um Weißweine handelt. Dass zum Beispiel ein Riesling ein anders geformtes Glas benötigen soll als ein Grauburgunder, kann ich nicht wirklich nachvollziehen. Für Unterschiede im Weingenuss gibt es für mich wesentliche Einflussfaktoren – wie beispielsweise die Temperatur des Weines. Ich glaube, dass hinter der propagierten Glasdiversifizierung eher ein Marketingtrick der Gläserindustrie zu vermuten ist.

Sehr bewusst trinke ich ein Glas Wein mit ein oder zwei Gläsern Wasser im Wechsel – auch wenn ich keinen großen Durst verspüre, weil ich weiß, dass auf diese Weise Alkohol besser verträglich wird. Auch in diesem Punkt gibt es eine nicht zu übersehene Überlappung zwischen Alltags-Anankasmus und allgemeinen Gesundheitstipps.

Apropos Getränkeverschlüsse: Dass alkoholische Getränke nicht so leicht zu öffnen sind, kann man aus pädagogischen Gründen ja vielleicht verstehen, warum aber selbst ein gesunder Erwachsener (geschweige denn ältere Herrschaften) eine Milchtüte manchmal nur mit Werkzeug geöffnet bekommt, erscheint in heutigen technologisch gereiften Zeiten schwer nachvollziehbar.

Ich weiß, dass ich mich gerade weiter vom Tagesablauf entferne, aber ich muss schnell noch ein paar Gedanken zu Thema Nachhaltigkeit einschieben, da zwanghafte Ordnungsaspekte und ökologisches Denken Hand in Hand gehen können und sollten. Ich habe überhaupt kein Verständnis für die Mitmenschen, die halbherzig Müll trennen, indem sie zwar Glas gesondert entsorgen, aber nicht konsequent vorher Deckel oder Drehverschlüsse entfernen, die doch in getrennten Tonnen landen sollten.

Eine widersprüchliche Frage mit teils unterschiedlicher Handhabung ist für mich, ob auch die Metallfolien von Sektflaschen entfernt werden müssten. Meistens bleibt es bei einem kurzen (möglicherweise untauglichen) Versuch. In Abwägung des Nutzen-Aufwand-Effekts habe ich mir auch wieder abgewöhnt, die Klarsichtfenster von Briefumschlägen herauszutrennen, zumal es umstritten ist, ob dies überhaupt einen Effekt bringt bzw. bei den heutigen Materialien notwendig ist. Kunststoff-Klebestreifen von Päckchen und Kartons werde ich allerdings vor dem artgerechten Entsorgen der Pappe abziehen und getrennt im Restmüll entsorgen.

Eine gewisse Erleichterung stellt für mich dar, dass es heutzutage nicht mehr empfohlen wird, Marmeladengläser oder Joghurtbecher vor dem Entsorgen auszuwaschen, da die Rechnung dafür ökologisch nicht aufgehen soll. Dieser Aspekt stellt für mich sowieso kein großes Problem dar, da ich solche Gefäße stets so weit wie möglich leere.

Mit der Wahl eines Löffels entsprechend der Form des Gefäßes kann ich beispielsweise beeinflussen, wie ein Gefäß am effektivsten geleert werden kann (z. B. bei Plastikbechern eher runde Löffel und bei Gläsern für die Winkelerfassung eher spitze Löffel). Nur der Vollständigkeit wegen erwähne ich, dass die Größe und die Länge der Löffel ebenfalls berücksichtigt werden. Diese Frage ist beim Löffeln aus einem Suppenteller nicht von gleichwertigem Rang und kann hier eher nach der Form und Größe des Mundes oder stilistischen Kriterien entschieden werden.

Ich habe zwischendurch noch einmal eine kleine persönliche Frage: Wie schieben Sie eigentlich einen Esslöffel in den Mund? Streng längs von vorne (das sieht bei manchen Menschen etwas gestelzt aus), quer zum Mund (unrealistisch, weil unpraktisch) oder schräg (als Kompromiss, wie ich)? Bei Gabeln fallen die aus dieser gewählten Haltung heraus entstehenden Effekte drastischer aus. Schade, dass ich Ihnen bei Ihrer eigenen Überprüfung nicht zusehen kann!

Ich muss um mich herum alle Kleinigkeiten nicht nur sortieren oder zurechtrücken, sondern auch sofort reparieren. Ich halte es nur schwer aus, wenn etwas kaputt ist, das in meiner Macht steht, wiederhergerichtet zu werden – beispielsweise ein heraushängender Faden aus einem Kleidungsstück oder ein einzelnes Leuchtmittel in einem Leuchter. Auch wenn in einer Leuchte zwei Leuchtmittel vorhanden sind, von denen nur eines kaputt ist und ausreichende Lichtverhältnisse gegeben sind, werde ich das eine Leuchtmittel auswechseln.

Wahrscheinlich liegt dies daran, dass ich mir einbilde, einen wachen Blick für auch kleine Veränderungen in meiner Umgebung zu haben. Manche Mitmenschen scheinen auch nicht zu hören, wenn ihnen etwas heruntergefallen ist. Für mich hat übrigens das Hören Priorität vor anderen ablenkenden Stimulationen. So weiß ich mit eingeschalteten Ohren fast immer, welche Art von Hintergrundmusik in meiner Umgebung gespielt wird – was Fluch und Segen zugleich bedeutet.

Auf dem Weg

Nach diesen weitschweifigen Gedanken wird es Zeit, dass ich mich auf dem Weg in mein Büro mache – mögen Sie mich überhaupt noch weiter begleiten? Sonst legen Sie doch gerne ein Päuschen ein.

Nach dem Überstreifen des Mantels hänge ich den Bügel zurück, den ich als Aufhängungsart gegenüber Haken klar bevorzuge. So gelagert werden Jacken oder Mäntel weniger aus der Form gebracht, während sich beim Aufhängen direkt an Wandhaken unweigerlich Falten bilden müssen. Dies gilt insbesondere für im Regen feucht gewordene Jacken oder Mäntel.

Ideal – aber mit einigem Platzbedarf verbunden – ist (auch im privaten Bereich) eine Garderobe mit Kleiderstange, an der Kleidungstücke mit etwas Zwischenraum aufgehängt werden können. Leider ist mir der Platz für eine Kleiderstange nicht vergönnt, so dass ich die Kleidungsstücke als Kompromiss zwar auf Bügeln hänge, aber eben an Haken.

Bei Gedränge und Platzmangel können trockene Mäntel auf einer Kleiderstange leicht und wiederauffindbar zusammengeschoben werden. Bei Kleidungsstücken, die feucht auf Kleiderstangen gehängt werden, ist das Problem des Trocknens dagegen verstärkt, da die Vorderseite, die naturgemäß beim Gehen durch Regen am feuchtesten ist, in engen Kontakt mit den Nachbarstücken hängt.

Bei feuchten Kleidungstücken auf Bügeln an Haken kann zwar die Vorderseite trocknen – aber nur solange keine Kleidungsstücke übereinander gehängt werden. Da das nicht immer in meiner Hand liegt, werde ich in gewissen Zeitabständen die Garderobe aufsuchen, um die Plätze der Kleidungsstücke (ungesehen) von vorne nach hinten zu tauschen.

Witterungsgemäß gekleidet, kontrolliere ich vor dem Rausgehen alle wichtigen Türen und Fenster, da ich leider meine Erfahrungen mit Einbrüchen habe. Seit dem Einbau einer Alarmanlage haben sich die Gedanken, aus übertriebener Angst vor Einbrechern nicht mehr verreisen zu wollen, verflüchtigt. Ich weiß ja jetzt auf jeden Fall, wenn doch ungebetener Besuch dagewesen sein sollte und dass diese Information an die entsprechenden Stellen weitergeleitet wurde. Ich muss seitdem nicht mehr bei jedem Nachhausfahren bangen, ob eingebrochen wurde – was die Lebensqualität eindeutig erhöht.

Falls Ihnen das folgende Thema zu langweilig ist, weil Sie kein Auto- oder Technik-Freund sind, blättern Sie doch ruhig ein paar Seiten weiter (ich gucke auch nicht hin). Mein Auto fahre ich (nach dem Starten) jedes Mal vorsichtig und länger als vorgeschrieben warm, nicht nur, um ein langes Motorleben zu garantieren, sondern ich versetze mich damit auch in die „Seele" meines Autos, das partnerschaftlich und gut behandelt werden möchte.

Es gibt Menschen – zu denen Sie hoffentlich nicht gehören –, die zu einem Auto sagen: „Das ist doch nur ein Gebrauchsgegenstand." Als wenn das eine Rechtfertigung bedeuten würde, auch „Dinge" einfach nur schäbig, ohne Nachdenken oder ohne Gefühl zu behandeln.

In diese Verhaltenskategorie gehören auch weiche Übergänge beim Schalten mit einem Handgetriebe, das ich die längste Zeit einem Automatik-Getriebe vorgezogen habe. Ich wusste natürlich, dass ein Automatik-Getriebe sehr viel schneller schalten

kann als ein Mensch, ich wollte aber den Zeitpunkt des Hoch-, vor allem aber auch des Runterschaltens genussvoll, ruhig und höchst kontrolliert selber gestalten. Inzwischen fahre ich ein Auto mit Automatik-Getriebe, da im zunehmenden „Stop & Go"-Verkehr von Großstädten das unentwegte Kupplungtreten beinlahm macht.

Gegen ein Automatik-Getriebe spricht – zugegebenermaßen als weniger wichtiges Argument –, dass ich die Gänge teilweise früher hochschalten würde – was zumindest beim Warmfahren von Bedeutung sein mag. Ebenso wie ich bei jedem Kaltstart darunter leide, dass mir die Start-Automatik in den ersten Sekunden des Motorlaufens eine erhöhte Drehzahl aufzwingt.

Vorteil einer Handschaltung ist wiederum, dass man die Motorbremse viel wirkungsvoller einsetzen kann als mit einem Automatik-Getriebe. Das „Vorgas" (also das kurze Gasgeben während des Kupplung-Tretens zum Anpassen der Drehzahl an den niedrigeren Gang) im rechten Maß einzusetzen, ist Vergnügen und eine lebenslange Übung wert. Das „Vorgas" ist selbstverständlich nicht zu verwechseln mit dem früheren „Zwischengas" eines nicht synchronisierten Getriebes – also dem zweimaligen Treten der Kupplung mit zwischenzeitlichem Gasgeben.

Vielleicht darf ich hier arroganter Weise einflechten: Ich finde überhaupt, dass zwar die Technik eines Autos und noch viel mehr dessen Elektronik heutzutage so kompliziert geworden sind und man fast nichts mehr selber reparieren kann, trotzdem nur derjenige Auto fahren sollte, der ein Grundverständnis seiner täglich benutzten Gegenstände aufbringt, also beispielsweise die vier Takte des Otto-Motors aufzählen oder den Unterschied zwischen Kurbelwelle und Nockenwelle erläutern kann. Stopp – jetzt gehe ich aber wirklich zu weit! Ich bin mir nämlich sicher, dass mich jeder echte Technik-Freak mit einer einzigen Frage bloßstellen kann.

Bei meinem Fahrverhalten entscheide ich mich für eine subjektive Mischung – nicht für einen Kompromiss – zwischen einerseits dem Schonen des Automotors (das ist sowieso klar) gepaart mit Treibstoff-sparendem Verhalten (das ist auch bei mir die Regel) bei niedrigen Drehzahlen und anderseits dem seltenen „Durchpusten" des Motors (und Aufladen der Batterie) auf einer der immer weniger werdenden nicht geschwindigkeitsbegrenzten Straßen.

Mein Tempo passe ich vor planbaren Hindernissen, wie roten Ampeln, sehr früh durch Gaswegnehmen an, weil ich weiß, dass Bremsen nicht nur unnötig kinetische Energie vernichtet, die in dieser Situation unnötig Benzin verbraucht hat, sondern auch weniger Bremsstaub die gepflegten Aluminiumfelgen verunziert. Upps – und spätestes jetzt merken die Leser*innen ein weiteres Mal, dass sich sehr zu meinem Leidwesen fließende Übergänge zwischen Alltags-Anankasmus und typisch deutschem Spießertum auftun.

Wenn ich auf eine Kreuzung zufahre, suche ich vorausschauend den Blick auf die zu meiner Fahrtrichtung gehörende Fußgängerampel und weiß so bereits früh, wann auch für mich die Ampelphase wechseln wird, und kann rechtzeitig und weniger kinetische Energie verbrauchend abbremsen.

Ich erkenne an der Ampel stehend, ob das vor mir stehende Auto ein Automatik-Getriebe oder eine Handschaltung besitzt. Wenn nämlich die Bremslichter permanent leuchten oder sich das Auto ungeduldig, ruckelnd und schrittweise vorschiebt, obwohl die Bremslichter leuchten, weiß ich, dass ein Automatik-Getriebe im Einsatz ist. Ich ärgere mich dabei oft über egoistische und nervösen Automatik-fahrende Zeitgenossen, die bei diesem Vorruckeln die durchgezogenen breiten weißen Linien überfahren und damit Fußgänger in die Bredouille bringen.

Ich erkenne ein Automatik-Getriebe aber auch daran, dass bei Beginn der Grünphase einmal kurz auf die Bremse getreten wird (oder werden muss), um „D" einlegen zu können. Das sind die Automatikfahrer, die es – wie er sehr gut nachvollziehen kann – nicht aushalten, dass der Motor die ganze Ampelphase lang gegen seinen Willen durch die Bremse am Vorwärtsdrang gehindert wird, und die deshalb zwischendurch das Getriebe auf „N" (oder am Hang sogar auf „P") stellen.

Ein sich leider stetig wiederholendes Ärgernis ist für mich, dass viele Autofahrer, wenn sie abbiegen möchten, erst bremsen und dann blinken (wenn sie das denn überhaupt tun), was mir jedes Mal einen kurzen Schreck einjagt, da ich davon ausgehen muss, dass irgendein Hindernis vorliegt (und ich dadurch selber zumindest mit dem Fuß über der Bremse schwebe, wenn ich nicht sogar sicherheitshalber etwas mitbremse). Durch eine umgekehrte Reihenfolge lässt sich leicht eine Verkehrsglättung erreichen. Darüber hinaus setzen viele Autofahrer das Blinken als Begleitvorgang während des Abbiegens ein, während es doch vorausschauend Planung für die dahinter Fahrenden bieten soll.

Ich kenne – wo ich gehe und stehe – meinen Kilometerstand auf wenige Kilometer genau, während die Mitmenschen ihre eigene Handynummer auch nach Jahren nicht erahnen. Ich weiß, dass das menschliche Gehirn in seiner Merkkapazität nicht begrenzt ist – schon gar nicht durch ein paar zusätzliche Zahlen. Im Gegenteil – auch das Gehirn wünscht sich regelmäßiges Training.

Ich habe inzwischen eine kleine Sammlung von Fotos mit runden und mit schnapszahligen Kilometerständen meiner Autos, z. B. bei dem Wechsel von 99.999 km auf 100.000 km. Ich ertappe mich manchmal dabei, dass ich einen kleinen Umweg in Kauf nehme, um diese Fotos unter ruhigen und adäquaten Lichtverhältnissen machen zu können. Der mögliche Zeitverlust von wenigen Minuten wird locker durch die Befriedigung, den Zeitpunkt des Kilometerstandes nicht verpasst zu haben, wettgemacht.

So konnte es früher, als Inspektionen noch häufiger und nach starreren Kilometerständen durchgeführt wurden, sogar vorkommen, dass ich einmal extra um den Block fuhr, um in der Werkstatt mit dem exakten Tachometerstand anzukommen und damit für Verblüffung und Erheiterung des Werkstattpersonals zu sorgen.

Ich tanke immer möglichst runde Summen – zumindest auf einen Euro genau. Im Gegensatz zur Normalbevölkerung tue ich dies auch, wenn ich einen Leihwagen auftanke, während der vermeintlich gewitzte Durchschnitts-Automieter den Füllvorgang möglichst schnell ablaufen lässt, damit die automatische Stoppvorrichtung rasch den Fluss stoppt und er den Tankvorgang mit ruhigem Gewissen bei der geringstmöglichen (krummen) Summe beenden kann.

Auch beim Auto versuche ich mein Gehör zum Einsatz zu bringen. Ich höre beispielsweise an dem bestimmten, dezent schabenden Geräusch des Scheibenwischers, ob an der Frontscheibe klebende Fliegenreste eine baldige Reinigung der Blätter sinnvoll machen. Und ich höre am Geräusch eines trockenen, leicht scharrenden Scheibenwischers, wenn die Intervallschaltung zu empfindlich eingestellt ist oder ganz ausgeschaltet werden kann, weil es (fast) nicht mehr regnet.

Oder ich höre bereits morgens im Bett am Geräusch der vorbeifahrenden Autos, ob die Straße nass oder trocken ist, und weiß so, auf was für ein Wetter ich mich nach Öffnen des Vorhanges einstellen muss. Gelegentlich warte ich dabei vor dem Aufstehen auf das nächste Auto, um mir meiner Einschätzung ganz sicher zu sein.

Beim aktiven Schließen der Autotür gilt das bereits für die Kühlschranktür Gesagte, nämlich dass ich gerne den Schwung vorausberechne, der die Autotür optimal und Material-schonend schließen lässt. Eine „Soft-Close"-Automatik im Auto wird so zur ewigen Passivität verdammt. Im Fall der Autotüren kommen jedoch zusätzliche Gedankenspielchen hinzu, denn beim Kühlschrank gibt es keine Luftlecks und man muss lediglich die unterschiedliche Schwere des Inhalts der Kühlschranktür berücksichtigen.

Meine Fahrertür beim Aussteigen in der Hand, prüfe ich, ob die Mitfahrer ihren Aussteige-Vorgang noch nicht beendet haben, weil naturgemäß viel weniger Schwung notwendig ist meine Fahrertür zu schließen, wenn eine andere Tür noch offen steht und keine Kompression der Innenluft gegengerechnet werden muss.

Wenn meine Fahrertür sich andersherum bei üblichem Schwung ungewöhnlich leicht oder gar lautstark schließt, so kann dies – wie mir sofort klar ist – nur daran liegen, dass ein Mitfahrer sein Fenster nicht vollständig geschlossen hat. Meine Sensibilität in Bezug auf diesen Kompressionstest dient also als eine Art Diebstahl-Präventions-Warnanlage.

Apropos Fenster im Auto: Bedeutet es nicht auch für Sie Verschwendung, wenn man ein Auto (nach seiner durchschnittlichen Lebensdauer) in den Schrott geben muss (weil irgendwann der Aufwand, alle „TÜV"-Mängel zu beseitigen, finanziell nicht mehr sinnvoll ist), dessen hinterer linker Fensterheber aber vielleicht nie benutzt wurde? Mir würden noch ein paar wenig benötigte Dinge im Auto einfallen.

Und ist es nicht genauso Organverschwendung, wenn man stirbt und noch voll funktionierende Nieren oder andere Organe mit ins Grab nimmt? Aber für diese Weiterverwendung gibt es ja eine individuelle Lösung, für die ich hier – trotz Politik-Verbot – aufrufen möchte.

Ich liebe kontrollierte Bewegungen. Während der Wunsch nach Körperbeherrschung für viele Menschen im Rahmen von Sport selbstverständlich ist, scheint gegenüber den Alltags-Tätigkeiten eine Nachlässigkeit vorzuherrschen, die ich nicht nachvollziehen kann. Ganz praktisch gesehen, verhindern doch bis zum Ende kontrolliert durchgeführte Bewegungen auch, dass Gläser und Geschirr im Haushalt vorschnell zerbrechen.

In diesem Punkt bin ich der Ansicht, dass doch jeder Mensch ein klein wenig Alltags-Anankast sein sollte. Allerdings spüre ich am eigenen Leibe, dass ich diese Bewegungskontrolle immer wieder erneut reaktivieren muss, da sie sich innerhalb von kurzer Zeit wieder abschleifen kann.

Noch ein kleiner Ausflug und Aspekt zum „Soft-Close-Mechanismus" drängt sich mir auf: Auch in der Küche lasse ich lieber eine Schublade eine kurze Zeit lang offen stehen, als dauernd die Selbstschließautomatik zu betätigen. Ich warte dann einen kleinen Moment, während sich die Schublade noch im Selbsteinzug befindet, um ihr nicht unhöflich und den Einzug verwirrend in den Schließvorgang hineinzufunken.

Ich rette vor allem durch ein Hindernis eingeklemmte, leicht offen stehende, „Soft-Close"-Schubladen, damit nicht unnötig langer frustran Zug ausgelöst wird und unter Umständen der Mechanismus vorzeitig erlahmt oder zumindest nicht schonend benutzt wird. Ignorante Menschen scheinen das hilflose Anstrengungsweinen der kämpfenden Schließeinrichtungen nicht zu hören.

Erinnern Sie sich? Wir befinden uns ja noch auf dem Weg ins Büro. Auf dem Fußweg vom Parkplatz wähle ich bei Pfützen – vor anderen möglichst verborgen – die Schrittlänge so, dass ich mit meinem Sprungbein vor der Pfütze lande, um dann einen besonders großen Schritt machen zu können, und nicht direkt vor der Pfütze den Abstand mit Tippelschrittchen korrigieren muss. Dies gilt natürlich nur für den Fall, dass die Pfütze nicht so groß ist, dass ich sie sowieso ledersohlenschonend umrunden muss.

Ich achte stets darauf, wohin ich meine Schritte setze, da es auf vielen Wegen mindestens zwei alternative Möglichkeiten gibt: bei Steinplatten- oder Fliesenwegen immer in die Zwischenräume zu treten und Linien oder Fugen streng zu meiden oder gerade umgekehrt nur auf solchen Markierungen zu treten. Ich passe dabei meine Schrittlänge – vom Beobachter unbemerkt – dem Muster des Untergrundes an, in dem ich z. B. statt 3 ½ regulären Schritten angepasste 3 große oder 4 kleine Schritte wähle.

Ich überlege, wenn sich vor mir eine gerade Linie auf dem Gehweg zu erkennen gibt, ob ich genau auf der Linie entlangschreiten möchte und damit zwangsläufig einen mehr oder weniger eleganten „Mannequingang" üben kann oder ob ich eben nicht auf die Linie trete und die Füße jeweils rechts und links neben die Linie setze und diese in seine Mitte nimmt, was – je nach Breite der Linie – einen etwas watschelnden Gang erzwingen könnte. Ich wähle im Übrigen meine Schrittgeschwindigkeit so, dass die Musik im Kopf (oder Kopfhörer) den Rhythmus der Schritte lenkt, also als eine Art Metronom des Gehens eingesetzt wird.

In Bezug auf meine Entgegenkommenden überlege ich jedes Mal, ob ich (1.) mit „neutraler" oder normaler Frequenz und Tiefe weiteratmen sollte (das ist der Regelfall) oder (2.) besonders schnüffele (beispielsweise bei Hoffnung auf ein gutes Parfüm) oder (3.) bewusst die Luft anhalte (wenn ich eine mögliche Ansteckungsgefahr vermute). In letzterem Fall muss ich einkalkulieren, dass ich wenig später kompensatorisch tiefer atmen muss, was – bei zu kurzem räumlichen und zeitlichen Abstand nach dem Begegnen – alle Luft-Anhalte-Bemühungen zunichtemachen könnte.

Manchmal nehme ich mir vor, die Wort- und Satzfetzen, die man von unweigerlich Entgegenkommenden oder überholten Personen einfängt, zu sammeln und zu einer Geschichte zu verarbeiten. Aber dann vergisst man es doch wieder oder hat kein geeignetes Dokumentationsmedium parat.

Beim Gehen versuche ich darüber hinaus, nicht auf kleine Tierchen zu treten, die sich vor mir auf dem Weg tummeln. Bei jeder Waldwanderung schmerzt mich die Unmöglichkeit dieser Bemühungen und hin und wieder wähle ich deswegen eine aktive Vermeidungsstrategie und richte meinen Blick bewusst nach oben auf Bäume und Himmel – und wandele damit wie „Hans-guck-in-die-Luft". Leider bedeutet diese Gangart, dass ich in Kauf nehmen muss, nicht die Umgebung um mich herum genießen zu können.

Auf einer Landstraße wiederum werde ich zu einem Bodengucker, um während des Gehens Steinchen und andere Fremdkörper vom Weg oder Straße an den Rand zu kicken, damit Autos oder andere Gefährte – reifenschonend und schreckvermeidend – nicht darüber rollen müssen.

Beim gelegentlichen „Walken" (strammes Spazierengehen mit Stöcken) nutze ich die Informationen beim Blick auf die Bodenbeschaffenheit auch, um meine Walking-Stöcke nur üblichen Sandwegen vorzubehalten. Auf steinigem und hartem Belag werde ich sie überhaupt nicht oder nur leicht den Untergrund touchierend einsetzen, weil sie auf einen harten Untergrund kratzend schneller abnutzen können. Es geht mir dabei weniger um die Kosten für die Gummispitze als um mein Verhalten, welches sich materialschonend den wechselnden Umgebungs-Gegebenheiten anpassen sollte.

In der Stadt gehe ich auf dem Bürgersteig, auf Fluren und auf Rolltreppen immer möglichst rechts, weil in unserem Land Rechtsverkehr herrscht und lästige Ausweichmanöver unnötig werden, wenn alle gleichermaßen auf einer Seite gehen (würden). Ich erlebe öfters – nur scheinbar – komische Situationen, in denen zwei sich auf einem Weg Entgegenkommende mehrfach in dieselbe Richtung ausweichen und kaum aneinander vorbeikommen.

Ich fühle mich daher fast verpflichtet, entgegenkommende Geistergeher dazu zu zwingen, auf ihre rechte Seite zu wechseln, in dem ich so weit rechts am Rand gehe, dass keiner „auf der falschen Seite" an mir vorbeikommt. Notfalls würde ich einen

ausweichpflichtig

kurzen Moment am rechten Rand (nicht politisch) stehend verharren. Bei entgegenkommenden Hundebesitzern kann dies manchmal zu einer kleinen Geduldsprobe ausarten.

Wenn ich auf einen Fahrstuhl zugehe und jemand beim Öffnen der Tür herauskommen könnte oder kommen wird, stelle ich mich ebenfalls ganz rechts an, weil der Aus-dem-Fahrstuhl-Kommende wahrscheinlich mittig herauskommen wird und ich ansonsten unnötigerweise zu einem Bogen gezwungen würde. Bei meinem gewählten Vorgehen ergibt sich zwanglos ein unaufgeregter, höflicher und zügiger Fahrstuhlwechsel – eigentlich eine Selbstverständlichkeit.

Kleiner Einschub: Selbstverständlich bin ich ein pünktlicher Mensch. Ich plane Reserven im Überfluss ein, weil ich weiß, dass selbst bei konservativen Schätzungen alle geplanten Zeiten immer eher zu knapp bemessen sind. Ich gehe ein wenig auf und ab oder die Umgebung erkunden, wenn ich – wie immer – etwas zu früh am Zielort bin. Ich demonstriere mein Zu-Früh-Kommen nicht, sondern gestalte es möglichst heimlich, da alle meine Prinzipien nur für meine Person gelten und Missionieren mir fern (oder peinlich?) ist. Es könnte mir ja sonst vielleicht jemand unökonomisches Zeitmanagement vorwerfen.

In meiner Erfahrung gibt es (nur) zwei Arten von Menschen: die, die immer pünktlich sind, und diejenigen, die (fast) immer zu spät kommen. Es gibt nur sehr wenige Menschen, die beides zu gleichen Teilen vereinen. Ich empfinde das Verhalten der letzteren Gruppe deshalb nicht als (nur) nachlässig, sondern als prinzipiell extrem unhöflich und egoistisch, weil sie (mehr oder weniger bewusst) einplanen, die Zeit der Wartenden für sich zu nutzen. Meistens warten viele Pünktliche auf wenige

Der Baum der Pünktlichkeit

Zuspätkommende, was (auf die Arbeitszeit berechnet) auch ökonomisch einen berechenbaren Faktor darstellt.

Ich wehre mich aber auch entschieden dagegen, wenn meine Kritiker lästern, dass ich es einfach nicht aushalte, etwas nicht mitzubekommen, wenn ich nicht zur rechten Zeit am Platze bin, und ich daher immer der Erste und möglichst auch der Letzte beim Zusammenkommen von Menschen und Terminen sein möchte.

Eine meiner zentralen Eigenschaften ist, dass ich fast alles immer sofort erledige, da ich weiß, dass eine weniger geschätzte Tätigkeit (beispielsweise Aufräumen) zwar vielleicht für kurze Zeit unangenehm und nervig sein kann, mich aber nicht Stunden oder gar Tage lang weiter mental beschäftigt oder einer Prokrastination Vorschub leistet. Ich fühle mich dadurch dauerentspannt, da ich nie „Tätigkeits-Schulden" habe, sondern alles sofort wieder aus dem Kopf herausbekomme.

Ich sehe an meinen Mitmenschen, die alles in letzter Minute regeln, dass deren Mentalität bei Weitem mehr Nerven, Laune, Zeit und Kraft kostet. Ich glaube, dass man letztendlich auf die „Alles sofort"-Weise sogar mehr schafft, da man nicht nur alles geplant und in Ruhe erledigt, sondern auch Fehler vermeidet, die später korrigiert werden müssen. Der Verlust an Freizeit ist marginal und auch die Freizeit ist besser planbar und genussreicher, wenn man nicht in Gedanken bei Unerledigtem verhaftet bleibt.

Was ich nicht mag, sind die „Ressourcen-Optimierer", die morgens im Büro sofort einen Kaffee kochen und nicht zuhause frühstücken, um so Zeit oder gar Geld zu sparen. Und erst recht die „Zeitoptimierer", die morgens im Büro als Erstes auf dem „Örtchen" verschwinden, wenn die Arbeitszeit mit dem Betreten des Gebäudes beginnt. Ich nehme eher freiwillig Nachteile in Kauf, nicht optimal funktional zu handeln, sondern lieber – als Prinzip – phantasievollen Planungs-Systemen den Vorzug zu geben. Zeit über alles zu setzen, ist kein maßgebliches Kriterium meines Denkens und Handelns.

Etwas Generelles zum „Optimieren": Ich habe nichts gegen das Wort selber (und dessen Inhalt) und habe es ja in diesem Text auch des Öfteren verwendet. Aber das Optimieren sollte nicht zum Herauskitzeln immer weiterer egoistischer Vorteile benutzt werden, sondern „der Sache wegen" zur angestrebten Systementwicklung.

Ähnliche Überlegungen gelten auch für Straßen, vor allem wenn der Belag aus Asphalt besteht. Aufgrund der Dauerbenutzung der Spuren kommt es einerseits zu Spurrillen mit der Folge von Aquaplaning bei Nässe und anderseits zu längsstreifigen Aufwerfungen mit der Folge, dass die Räder zu Tänzeln beginnen. Dass solche Spuren selbst bei hartem Kopfsteinpflaster entstehen können, sieht man bei römischen Ausgrabungen.

Um diesen physikalischen Straßenbenutzungsfolgen entgegenzuwirken, steuere ich mein Auto so, dass ich entweder etwas weiter am Rande oder mehr in der Mitte auf den jeweiligen „Hügelbildungen" fahre. Ich hoffe – möglicherweise vergebens –, dass mein ehrenwertes Einzeltätertum etwas zur Egalisierung der Straßen beitragen möge.

Beim Fahren auf dem mittleren „Damm" muss ich sehr aufmerksam auf die entgegenkommenden Egoisten achten, die – allerdings wahrscheinlich nur aus Unsicherheit – ebenfalls fast auf den Mittelstreifenmarkierungen fahren. Das Fahren auf den zum Teil erheblichen Aufwerfungen der vielbefahrenen, oder

Die Bayerische Motoren Walze

besser gesagt: lange nicht erneuerten, Straßen hat zur Folge, dass permanent kleine, aber heftige Lenkkorrekturen nötig sind, die ich im Sinne der guten Sache aber in Kauf nehme.

Eine Tendenz zu mittigem Straßenverhalten erlebe ich täglich auf dreispurigen Autobahnen, wo sich die vielen Autofahrer*innen tummeln, die stets ausschließlich die mittlere Spur benutzen. Ich kann das nur so interpretieren, dass sie dies aus Angst tun, sonst augenblicklich entweder an der mittleren Leitplanke oder seitlich im Graben zu landen. Das Problem wird dabei natürlich durch die immer breiter werdenden Autos auf damit relativ immer schmaler werdenden Straßen-Spuren gefördert.

Die durch millionenfache Bremsvorgänge verursachten queren Dellen und „Sixpack-artigen" Waschbrett-Straßen-Veränderungen vor Ampeln ist viel schwieriger beizukommen. Hier versuche ich, die Bremsvorgänge auf den weit vor der Ampel liegenden und weniger geschädigten Bereich vorzuverlegen, ohne den hinter mir fahrenden Dränglern Argumente für emotionale Ausfälle zu liefern. Ich hoffe inständig, dass Sie jetzt nicht der Meinung sind, dass ich feine Änderungen in der Umgebung nicht nur freiwillig wahrnehme, sondern sogar darauf achten „muss" und für anderes gar keinen Blick mehr haben könnte.

Mir fällt es einfach auf, dass z. B. in Frankreich vornehmlich ungerade Zehnerzahlen für Geschwindigkeitsbegrenzungen gewählt werden (50, 70, 90, 110, 130 km/h), während das sonst so streng geregelte Deutschland nur wenige und gemischt gerade/ungerade Zahlen zulässt (aber oft auch keine anderen, objektiven Gesichtspunkte für Tempovorschriften zu erkennen sind). Ich möchte hier anregen, dass Geschwindigkeitsbegrenzungen mehr den tatsächlichen und regionalen Bedürfnissen angepasst werden und daher häufiger „unkonventionelle" Zahlen wie beispielsweise 40 km/h oder 160 km/h gewählt werden. Diese wenig vorhersehbaren Geschwindigkeiten würden auch eine höhere Aufmerksamkeit im Straßenverkehr mit sich bringen.

Büro

So – während dieser Gedanken sind wir inzwischen in meinem Bürohaus angekommen. Ich wähle das Treppenhaus statt des Fahrstuhls, wobei ich inzwischen verinnerlicht habe, wie viele Stufen die häufig benutzten Treppen auf den einzelnen Abschnitten besitzen, z. B. gerade oder ungerade Zahlen, was eine Rolle spielt, wenn ich – weil ich groß bin – immer zwei Stufen mit einem Schritt nehme.

Ich vergewissere mich, während ich Treppen hinauf- oder hinunterschreite, dass ich nicht auf ausgetretene Stellen trete. Empirisch gesehen, befinden sich diese ausgetretenen Areale auf breiteren Treppen kurz neben dem inneren oder äußeren Geländer, das dem Stockwerkwechsler (außer aus allgemeinen Sicherheitsaspekten) zur Wahrung seines Gleichgewichtes spendiert wird. Optisch kann man die ausgetretenen Stellen direkt an zarten Eindellungen und indirekt an Farb- und Glanzspielen der Metall- oder Teppichkanten erkennen. Bei schmalen Treppen ist meist die Mitte der Stufen betroffen.

Gerade bei Teppichen auf Treppen kann man deren Leben durch solch ein Verhalten merklich verlängern. Langfristig gesehen gilt dies natürlich auch für Steintreppen. So trage ich dazu bei, die Stufen gleichmäßiger abzunutzen und zu versuchen, das zu egalisieren, was die Alltags-Bedenkenlosen permanent, einseitig und nachhaltig in Gefahr bringen oder sogar zerstören. Ich trete auch nicht auf Türschwellen, weil die oft erhaben sind, und dadurch häufiger und intensiver mechanischen Druck hinnehmen müssen und schneller ungleichmäßig abnutzen.

Ich weiß, dass beim Hinuntergehen einer Treppe im Treppenhaus durch das höhere Gewicht, das auf die Stufen einwirkt, ein anderes Geräusch erzeugt wird als beim Hinaufgehen. Ich bilde mir daher ein, zu hören, ob jemand die Treppe hoch- oder runtergeht. Mir ist schmerzlich bewusst, dass solche Bemühungen nur bei den wenigen Ledersohlen-Begeisterten möglich sind und durch die vielen Träger von weichen Gummi- oder Kunststoffsohlen schnell zunichtegemacht werden.

Bei Rolltreppen erschrecke ich manchmal, weil meine fest auf den Handlauf gelegte Hand langsam „verrutscht" – je länger die Rolltreppe, desto mehr. Manchmal muss ich deshalb sogar nachgreifen. Dies kann ich mir physikalisch durch den größeren Radius des Handlaufes im Vergleich zur Rolltreppe erklären. Falls Sie Physiker oder Rolltreppenhersteller sein sollten – stimmt das?

Zwischen jedem oder jedem zweiten Stockwerk (meist im Verhältnis 1:1 bis 1:2) führe ich eine gegenläufige Drehung des Körpers durch, um keinen „Drehwurm" zu bekommen und um über die Zeit des Lebens eine annähernd gleichmäßige Zahl von Links- und Rechtsdrehungen in Treppenhäusern zu laufen.

Kleiner Scherz: Ich werde dabei insgesamt Linksdrehungen ein ganz wenig bevorzugen, um die völlig einseitige Zahl von Rechtsdrehungen, die beim Walzertanzen vorherrschen, auszugleichen, da ich den Links-Walzer nur rudimentär beherrsche. Auch bei der Bewältigung von lediglich einem einzigen Stockwerk wird eine Entscheidung fällig, die ich je nach der Empirie der Drehungen der letzten Stunden löse.

Nur wenig ernster: Diese Gedanken spielen vor allem eine Rolle, wenn man – wie ich – Knieprobleme hat und dann vernünftigerweise Treppen zwar hinaufgeht, hinunter aber den Fahrstuhl benutzt. Dadurch wird – je nach den örtlichen Gegebenheiten – eine einseitige Drehrichtung begünstigt, was – wenn man im Treppenhaus sowohl rauf- als auch runterläuft – natürlich viel weniger Einfluss hat.

Eine der Lieblingssituationen im Dasein eines Alltags-Anankasten tun sich beim Gehen entlang eines typischen Flures auf. Wenn ich mich einem Teppich oder irgendeinem anderen Bodenbelagswechsel nähere, weiß ich ziemlich genau vier Schritte im Voraus, ob ich den Teppich mit dem rechten oder linken Fuß betreten werde und ob dies kleinere oder größere weitere Schritte erfordert.

Dieses Antizipieren übe ich regelmäßig, um die genaue Vorhersage für die richtige Schrittfolge zu verbessern. Im Weiteren ist es nur eine Sache der Symmetrie, ob ich meine Schrittlänge so anpasse, dass auf dem Teppich eine gerade oder ungerade Zahl von Schritten zustande kommt.

Ich werde mir darüber hinaus kurz überlegen, ob ich auf die Kante treten möchte oder gerade nicht, und entscheide mich meist für den ganzen Fuß auf dem Teppich oder dem Belag davor und nicht für Halbheiten. Gelegentlich genieße ich aber auch das Gefühl von unterschiedlichen Höhen und verschiedenen Materialien unter meiner Schuhsohle sowie das zarte Gegensteuern der entsprechenden kleinen Muskelgruppen.

Wir betreten jetzt meinen Büroraum. Dort bereitet es mir physische Schmerzen, die Schreibtische meiner Kollegen oder Mitarbeiter zu betrachten oder gar zu benutzen. Selbst wenn mir gelingen sollte, heimlich deren Telefonschnur durch Herunterhängenlassen des Hörers in eine halbwegs natürliche Position pendeln zu lassen, weiß ich, dass durch die dauerhafte

Fehlstellung der gedrehten Schnur eine vollständige Genesung nicht zu erreichen ist. Außerdem ist mir bewusst, dass trotz meiner guten Vorbildtat die Halbwertszeit meiner Sisyphos-Arbeit leider nur in wenigen Stunden zu bemessen ist.

Bei meinem eigenen Festnetzapparat verhindere ich das Verdrehen des Kabels, indem ich den Telefonhörer immer mit derselben Hand und auf identische Weise aufhebe bzw. wieder zurücklege. Der Notwendigkeit, bei langen Telefonaten einen Wechsel der Hände (schlafen sonst ein) und Ohren (werden sonst warm und rot) ratsam werden zu lassen, trage ich mit einem eingeübten halbrunden Handwechsel ohne Drehung des Hörers und der Schnur Rechnung.

Ich habe mich schon spaßeshalber gefragt, ob diese vergeblichen Bemühungen zu den mannigfaltigen Gründen hinzugefügt werden können, warum heute lieber mit einem schnurlosen Apparat telefoniert wird. Diese mobilen Geräte wiederum liegen immer irgendwo herum – wie zuhause. Und nur weil man sich zur Suche selber anrufen kann, ist es doch kein Grund, keinen festen Platz einzuhalten.

Einen Laptop lasse ich nie nur einen Spalt breit offen stehen, da ich mitleide, wenn der Deckel mit maximaler Spannung gehalten werden muss und doch viel weniger Spannung notwendig ist, je steiler der Deckel steht. Ich werde daher in fordernden Situationen, wie einem starken Lichteinfall, eher den Laptop insgesamt kippen, als den Bildschirmdeckel weit nach hinten zu biegen.

Papier genau mittig zu lochen, bevor es abgeheftet wird, ist mir selbstverständlich, in erster Linie, damit im Ordner oder Hefter egale Stapel wachsen können. Falls ein Locher mit Schiene nicht zur Verfügung steht, knicke ich als Orientierung das Blatt in der

The Hurt Locher

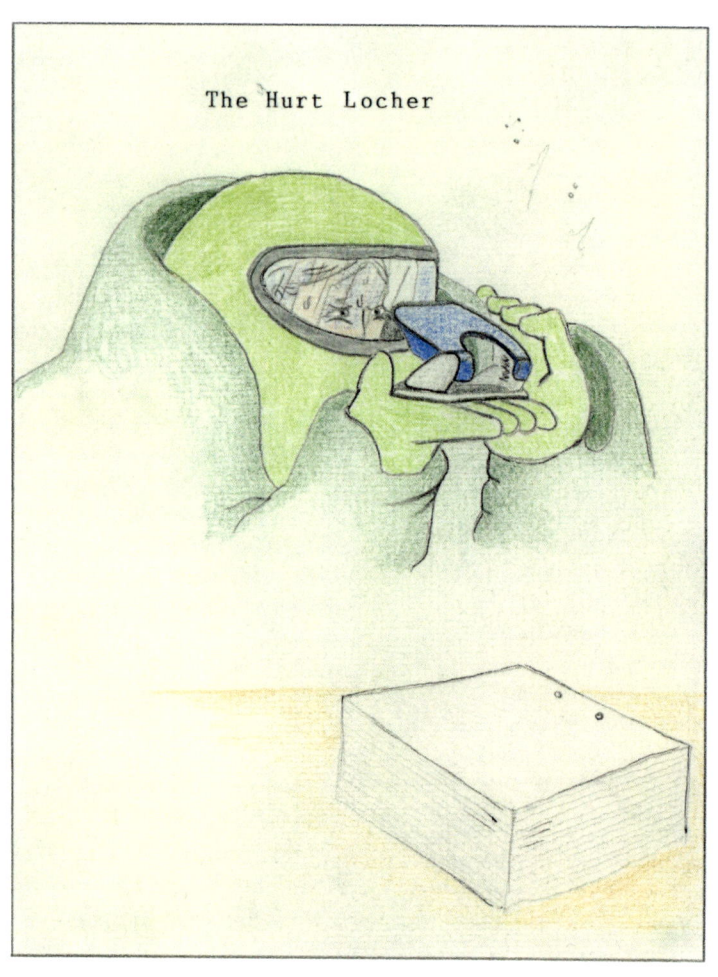

Mitte ganz leicht an, was als eine akzeptable Markierung für den mittigen Dorn im Locher dienen darf.

Haben Sie einen Tipp für mich, wie ich damit umgehen soll, dass einige Mitmenschen Papier schräg lochen? Wie soll ich es aushalten, dass dadurch das Papier an dem einen dünneren Abstand vom Loch zum Rand leicht ausreißt? Oder dass durch doppeltes Lochen querovale Löcher entstehen, die wiederum das Papier im Ordner mobil machen?

Übrigens: Wann und wie leeren Sie einen Locher? Wie vermeiden Sie es, dass doch in einer kleinen Explosion hunderte runder 6 mm Punkte im Raum verstreut werden? Wenn Sie einen guten Tipp haben, lassen Sie es mich bitte wissen!

Abreißkalender knicke ich zunächst in der Perforationsleiste hin und her, bevor ich sie vorsichtig abreiße, um die einzelnen Blätter nicht durch schräge Papier-Einrisse zu verunstalten. Das mache ich auch dann, wenn ich die Blätter sofort danach entsorgen sollte. Ein Argument für dieses Verhalten ist natürlich, dass der entgegengesetzte Part der Perforation ansonsten unansehnliche Abrisskanten ent- und bestehen lässt.

Ich bin ein Gegner von Heftklammern – ich nenne das „Piercing von Papier". Heftklammern sind schwierig zu entfernen und verführen die meisten Menschen dazu, diese Klammern nicht getrennt vom Papier zu entsorgen. Ich trage notfalls eine entfernte Heftklammer oder ein Stück Papier einen halben Tag mit mir herum, bis sich ein richtiger Entsorgungsort auftut.

Falls gestapeltes Papier inhaltlich voneinander abgegrenzt werden muss und dieses Problem aus Platzmangel nicht durch ein gegenläufiges 90 Grad-Stapeln gelöst werden kann, akzeptiere ich vorübergehend und ausnahmsweise Büroklammern, die leicht zu entfernen und wiederholt zu benutzen sind.

Genauso wichtig wie egale Papierstapel sind mir gerade Papierkopien. Ich schließe antizipierend den Deckel des Kopierers langsam, da ansonsten der komprimierende Luftzug die Kopiervorlage verschieben und schiefe Kopien entstehen lassen würde – abgesehen vom Wegflattern ganzer Seiten.

Für meine Umgebung bin ich ein akzeptierter Lektor, da mir auch zwei Leerzeichen innerhalb eines geschriebenen Textes oder auf Präsentationsfolien sofort auffallen – und erst recht verschiedene Schrifttypen oder Formatierungsungenauigkeiten. Bei der eigenen Handschrift werde ich ein in Eile nicht ganz geschlossenes „o" bzw. eine „0" zur Vollendung zwingen und nachzeichnen.

Eine Zeitung falte ich nach dem Lesen wieder so zusammen, dass sie (fast) wie ungelesen wirkt, auch wenn weit und breit kein Mensch ist, der davon profitieren könnte, und sie lediglich für den Papierkorb vorbereitet wird. Überhaupt nicht in Frage kommt dabei, dass die Reihenfolge der Seiten der Zeitungsabschnitte nicht wieder exakt rekonstruiert wird, die eventuell zuvor von meinen Mitmenschen raumnehmend verlassen wurde. Leichter ist es für mich, von vornherein keine Unordnung aufkommen zu lassen.

Wenn ich im Freien Zeitung lese, passe ich auf, die Zeitung so zu halten oder auf den Tisch zu legen, dass sie nicht weggeweht wird. Ich prüfe die Windrichtung und lege die Zeitung mit dem Knick in den Wind, damit der Wind nicht in die offenen Seiten fährt und damit ein Aufklappen und Wegwehen der Zeitung droht. Gegebenenfalls werde ich mich dafür an einen anderen

Platz am Tisch setzen. Kleine Zwischenfrage an Sie: Finden Sie das übertrieben oder glauben Sie das gar nicht erst?

Bei persönlich adressierten Postsendungen – selbst im Falle von Werbung – halte ich es nur schwer aus, einen Brief ungeöffnet in den Papierkorb zu werfen, sondern ich muss ihn erst mit einem scharfen Brieföffner (ohne grobzackige Zeigefinger-Abrisskante oder Briefmarken-zerstörend) öffnen und seiner Bestimmung des Lesens zuführen – auch wenn es nur ein kurzes Darüberhuschen ist –, um dann Inhalt und Umschlag nacheinander ökologisch gerecht zu entsorgen. Nun sagen Sie doch endlich, was Sie denken: „Pingel"! Das stimmt wahrscheinlich und damit kann und muss ich leben.

Nicht gewünschte Post bestelle ich aktiv beim Versender ab und verweise auf die vermeidbare ökologische Belastung. Im Internet, wo kein ökologischer, sondern „nur" belästigender virtueller Müll entsteht, wird doch längst nach dem Motto „Zielgruppen-orientierte individuellen Werbung" gehandelt. Daher sollte mein Verhalten bei materiellen und teuren Postsendungen doch erst recht auf offene Ohren der Versender stoßen.

Beim Umgang mit gebundenen Druckerzeugnissen bin ich bibliophil darauf erpicht, leicht vermeidbare Pein zu verhindern. Selbstverständlich benutze ich immer ein Lesezeichen und würde nie ein Buch aufgeklappt auf dem Kopf liegend auf das Weiterlesen warten lassen – sei es auch nur für Sekunden. Gelegentlich gehe ich so weit, dass ich, um ein Buch zu schonen, dieses nur gut halbgeöffnet lese – selbst, wenn ich es nicht weiter verschenken möchte.

Bei Taschenbüchern, insbesondere wenn sie dicker sind, kommt es im Verlauf des Lesevorgangs unweigerlich zu einer einseitigen

Verbiegung des weichen Buchrückens. Diesen Trend versuche ich zu konterkarieren, in dem ich immer wieder im wörtlichen Sinne „gegenhalte" oder zumindest nach jedem Lesevorgang kurz „gegenbiege". Auch ein Taschenbuch hat ein Recht darauf, mit geradem Rücken zu leben und hinterher fast ungelesen aussehen zu dürfen. Besonders in einem Bücherregal fallen solche verunstalteten Bücher sofort unangenehm auf.

Das Schonen von Gegenständen, egal wie kurz deren „Leben" auch ist, ist dem Ordnungsgedanken gleichgeordnet – beides gehört für mich zusammen und der konsequente Nachhaltigkeitsgedanke ist ein wichtiges Kriterium für meine Systeme und Prinzipien.

Wenn ein Gegenstand neu ist, behandele ich ihn ehrfürchtig, weil er nicht so schnell altern und abnutzen und er sich erst an den Gebrauch gewöhnen soll. Wenn ein Gegenstand dagegen bereits alt ist, möchte ich nicht, dass er bald kaputt geht, sondern möglichst lange und möglichst einwandfrei erhalten bleibt. Ist der Alltags-Anankast daher im besten Sinne „(werte-)konservativ"?

Eine unlösbare oder zumindest sehr individuelle Frage ist, wann überhaupt der optimale Zeitpunkt für eine volle Inanspruchnahme eines Gegenstandes beginnt und die Schonfrist beendet werden kann, damit der Gebrauch fortan mit ruhigem Gewissen stattfinden kann.

Bei beruflichen Terminen in einem größeren Personenkreis, bei denen Listen oder zu verteilendes Material durch die Reihen gegeben werden, organisiere ich unauffällig, dass auch wirklich alle Menschen im Raum erreicht werden, weil ich leider lernen musste, dass meine Umgebung das Material nicht gezielt mäanderförmig durch die Reihen gibt, sondern wahllos zur Seite, nach oben oder nach unten – wenn Sie sich denn überhaupt bis zum Ende der Veranstaltung von dem Papier vor ihnen trennen können.

Einen kleinen Fokus lege ich auf zu spät kommende Neuankömmlinge, die nichts von bereits herumgereichten Listen oder Material wissen können. Auch für diese werde ich – trotz ihres erheblichen Makels des Zuspätkommens – organisierend handeln.

Im Kino oder Theater ohne Sitzplatzreservierung versuche ich, mich so hinzusetzen, dass links oder rechts von mir eine gerade Zahl von Plätzen freibleibt, weil die meisten Menschen zu zweit (oder zumindest in geraden Zahlen?) in solche Veranstaltungen gehen. Da ich am liebsten in der Mitte sitze, entfällt zudem (zumindest bei von beiden Seiten zugänglichen Stuhlreihen) das bewusste Aufschließen in die Mitte, wozu panische und permanent fluchtbereite Mitmenschen, die klaustrophob die jeweiligen Enden der Reihen besetzen, erst aufgefordert werden müssen.

Bitte seien Sie jetzt nicht zu neugierig: Über meinen Arbeitstag möchte ich mich nicht ausbreiten – er gibt auch nicht viel her für unser Thema.

Grundsätzlich verlasse ich jeden Abend meinen Schreibtisch aufgeräumt und komplett leer, so dass das Tagewerk keine Spuren hinterlässt und morgens ein freudiger und wahrhaftiger Neubeginn ermöglicht wird.

Wohnzimmer

Zurück in der Wohnung korrigiere ich im Gehen die Stellung der Schlüssel im Türschloss, welche meine Mitmenschen in ihrem Verständnis von Symmetrie senkrecht gewählt haben, während doch nur eine waagerechte Stellung verhindert, dass beim versehentlichen, durchzugs- oder teenagerbedingten Zuschlagen der Tür der Schlüssel herausfallen kann.

Ich bin der Meinung, dass das Senkrechtstellen des Schlüssels wahrscheinlich noch aus einer Zeit rührt, als man verhindern wollte, dass Kinder oder Dienstmädchen unerlaubte Blicke zu erheischen suchten, was durch eine senkrechte Stellung zumindest deutlich erschwert werden kann. Gänzlich blicksichere Sicherheitsschlösser haben sich ja im Innenbereich von Wohnungen oder Häusern – selbst in sensiblen Bereichen – nie durchgesetzt.

Bei jeder Schlüsselkorrektur, zumal bei einer schrägen Position, fühle ich mich in meinem Vorurteil bestätigt, dass sich die meisten Menschen überhaupt kein Konzept für Situationen anzueignen scheinen, die doch so offensichtlich eine Entscheidung im Verhalten erfordern. Und bei all diesen Fragen handelt es sich doch lediglich um eine einfache dichotome Entscheidung mit einer klaren ja/nein, oben/unten oder links/rechts Möglichkeit. Wie gehen die Menschen denn nur mit komplizierten Entscheidungsprozessen um?

Beim Schließen einer Zimmer- oder Haustür erinnere ich mich wehmütig an die kindlichen Zeiten, in denen ich mich noch wieder zurückdrehen musste, um eine Tür hinter mir zuzumachen – die Hand auf der Klinke mit der Tür im direkten Blick. Mit zunehmendem Alter lernt man, ohne diese Drehung hinter sich zu greifen und eine Tür lässig, ohne wesentlichen Lärm und dennoch in einem vertretbaren Zeitaufwand zu schließen.

Kissen drehe ich so, dass die Naht bzw. der Reißverschluss nach unten oder hinten zeigt und damit versteckt wird. Ich schiebe im Vorübergehen die von den Mitmenschen nicht vollständig geschlossenen Schubladen der Kommoden zu und schließe die ein wenig offenstehenden Türen von Schränken. Daneben streiche ich gelegentlich mit dem Finger am CD-Regal entlang, um die gerade Vorderkante zu kontrollieren und gegebenenfalls fein zu korrigieren. Erstaunlicherweise scheinen sich CDs immer wieder völlig von alleine in Unreih und Unglied zu stellen.

Beim Bücherregal handhabe ich dies ähnlich und bugsiere zusätzlich die Bücherreihe bis auf einen oder zwei Zentimeter an die Vorderkante des Regals, damit die Luft hinter den Büchern zirkulieren kann, während Mitmenschen oft alle Bücher bis zum Anschlag an die Wand schieben, was eine Belüftung verhindert und zudem eine irreguläre Vorderkante erzeugt.

Des Weiteren scheinen die meisten Menschen nichts dagegen zu unternehmen, wenn bei enger Stellung der Bücher beim Hinein- oder Zurückschieben eines Buches die Nachbarbücher mit nach hinten rutschen. Bücher und CDs (bei Letzteren werden Sie sagen: wie altmodisch! Ich kaufe auch keine neuen mehr …) werden von mir daher grundsätzlich und präventiv locker aufgestellt.

Ich verstehe nicht, woher in meiner Abwesenheit plötzlich die Dinge auf die Treppe ins Obergeschoß gekommen sind, auf der man doch seine Füße beim Hinaufgehen sicher platzieren möchte. Sie werden einwenden, dass man doch nicht immer alles sofort und einzeln hinaufbringen kann – doch man könnte und bliebe sogar fit dabei. Zeitlich gesehen macht das aus meiner Sicht nicht viel aus. Aber wenn es denn schon die Treppe als Zwischenlager sein soll, warum werden die Dinge, die in das obere Stockwerk gehören, nicht ganz am Rand (und bei Schiffstreppen auf dem schmalen Teil der Stufen) abgelegt?

In diesem Sinne kontrolliere ich auch alle Fenstergriffe, ob sie vollständig senkrecht bzw. vollständig quergestellt sind oder nur mit schlaffer Hand mühsam in eine schräge Stellung manövriert wurden, was ansonsten nicht nur den Zugang von unerwünschten Personen erleichtern könnte, sondern das Fenster einer verminderten Spannung im Fensterrahmen aussetzen würde, mit der Folge eines langfristigen Verbiegens des Fensters – ganz abgesehen von der Möglichkeit der aus ökologischen Gründen zu vermeidenden Zugluft im Winter.

Gelegentlich wechsele ich die Kunstwerke in meiner Wohnung aus und hänge um. Mehrere Bilder in einer Reihe an der Wand hänge ich mit einer identischen Oberkante auf. Alternativ wäre eine einheitliche Unterkante aller Werke denkbar, was mir aber weniger gut gefällt. Alle Bilder auf Mitte zu hängen, kommt für mich nicht in Frage, da Ordnungsprinzipien und Ästhetik Hand in Hand gehen müssen.

Kaum der Erwähnung wert ist, dass bei mir die Bilder an der Wand gerade hängen müssen. Obwohl ich dafür ein gutes Gefühl besitze, benutze ich öfters – und sei es nur zum abgleichenden Training – eine Wasserwaage. Ich beachte darüber hinaus bei der Wahl des Aufhängemechanismus den Abstand zur Wand, damit die Bilder nicht allzu schräg nach vorne geneigt sind. Bei der Auswahl der Bilderhaken entscheidet das Gewicht des Bildes und ich wähle schraubbare Klemmhaken für schwere Bilder. Bei wertvollen Bildern vervollständige ich die Sicherheitsaspekte durch eine unter den Haken verschraubte Lüsterklemme.

Bilder sollten auf Augenhöhe hängen, wobei sich die Frage stellt, für welche Körpergröße dies gilt. Es muss ein Kompromiss zwischen meiner überdurchschnittlichen Größe und der von kleineren Personen gewählt werden. Auf keinen Fall darf der Blickwinkel nach unten zeigen.

Ich habe die Erfahrung gemacht, dass in Museen die Bilder (nicht nur aufgrund ihrer oft immensen Größe) oft in meiner Augenhöhe hängen und dort weniger bis gar nicht spiegeln (es allerdings trotz Museumsglas immer noch können). Ich bin auf dieses Problem überhaupt erst durch kleinere Mitmenschen aufmerksam geworden, denen eine ungetrübte Ansicht auf die Bilder nur von der Seite vergönnt ist, und die sich selbst nicht „vergrößern" können, während ich leicht in die Knie gehen kann – aber eben erfreulicherweise meist nicht muss.

Dafür habe ich persönlich das Problem des optimalen Abstandes, da eine Altersweitsichtigkeit trotz adäquater Brille ein relativ nahes Herantreten erzwingt, um Feinheiten zu sehen, was wiederum die Umgebung bei meiner Körpergröße (kurzzeitig!) die Sicht nimmt.

Ich dulde nicht, dass die Enden von Aufhängeschnüren hinter den Bildern hervorlugen, sondern ich fixiere sie an der Rückwand der Bilder – notfalls zu einem Ringelschwanz gedreht. Ich beschrifte die Bilder von hinten mit dem Namen des Künstlers, da ich um meine Vergesslichkeit weiß und eine schnelle Erinnerungsmöglichkeit parat haben möchte.

Da ich Ordnung, Symmetrie und Zweckmäßigkeit nicht als unumstößliche Prinzipien ansehe, sondern mir verspielt Freiheiten sogar für Chaos nehmen kann und möchte, wenn dies bewusst so angestrebt wird –, bin ich auch als Künstler jemand, der Spaß an Objekten und Bildern aus vielfältigen, kleinen, zusammengesetzten oder multiplizierend gestalteten Teilen hat. Das Zusammenkommen von einerseits wiederkehrenden, regulären Einheiten und freier, künstlerischer Ästhetik andererseits macht für mich Kunst aus – die immer Planung, Zufall und Intuition als wichtige Ingredienzien beinhaltet. Ein aktives künstlerisches Zufallsprinzip gefällt mir, während ein von Menschen passiv gelebtes Zufallsprinzip im täglichen Leben für mich eher zum Scheitern verurteilt ist.

Ein weiteres für mich spannendes Gedankenspiel im häuslichen Umfeld ist die Einstellung der Heizungsthermostate in der Wohnung, die ich im Falle eines Wohnungsrundgangs alle auf ein identisches Niveau einstelle, damit nicht ein Heizkörper sehr heiß wird, während andere erkalten, weil ich weiß, dass der am heißesten eingestellte Thermostat „führt" und ein ungleichmäßiges, unökonomisches Heizen begünstigen würde.

Ein noch besser geeignetes Beispiel von antizipierendem Verhalten kann am Dimmer der Zimmerbeleuchtung erläutert werden. Ich drehe einen Drehdimmer vor dem Draufdrücken stets erst einmal linksherum auf die niedrigste mögliche Helligkeit, damit die Leuchtmittel geschont werden, wenn nicht beim Einschalten plötzlich die volle Leuchtkraft abgefordert wird. Umgekehrt weiß ich um die Nachlässigkeit meiner Mitmenschen und drehe Dimmer vor dem Ausschalten ebenfalls vollständig runter, damit – egal, wer den Dimmer im Haushalt wieder einschaltet – ein Belassen eines niedrigen Helligkeitsgrads und ein anschließendes gezieltes und schonendes Hochfahren ermöglicht wird.

Ich habe lernen müssen, dass andere Menschen während des Druckes auf den Dimmerschalter gleichzeitig nach rechts drehen, so wie sie auch das Radio unter gleichzeitigem Rechtsdrehen einschalten – ganz so, als ob sich alle Drehschalter während der Phase der Nichtbenutzung wie von Zauberhand auf dunkel bzw. leise verstellen würden. Oder kennen die mich einfach und korrigieren pauschal mein Verhalten? Das halte ich für eine wenig wahrscheinliche Erklärung, angesichts ihrer sonst offensichtlichen Systemlosigkeiten.

Bei mehreren neben- oder übereinanderliegenden Kippschaltern für das Licht bevorzuge ich eine einheitliche Aus- bzw. Einstellung. Ich werde ansonsten den Schalter aufschrauben und einen Tausch der Pole vornehmen. Als Nebeneffekt dieser Vereinheitlichung sehe ich – trotz geschlossener Tür auf einen Blick –, ob jemand in diesem Zimmer ist oder es vergessen wurde, das Licht nach Verlassen auszumachen. Es wundert mich, dass andere Menschen eine Ungleichheit von Schalterelementen so unhinterfragt ein Leben lang aushalten.

Ähnliche Überlegungen gelten auch für die links/rechts oder oben/unten Anordnung der Lichtschalter, die doch intuitiv nach Lage der Lichtquelle erfassbar sein muss. Ich lasse die Deckenbeleuchtung oben und die Steh-, Schirm- oder Schreibtischleuchten unten schalten. Bei nebeneinanderliegenden Schaltern wird die weiter links im Raum befindliche Leuchte links geschaltet und umgekehrt. Besucher wiederum scheinen aus unerfindlichen Gründen kein System gewöhnt zu sein, da sie so oft patschend verschiedene Lichtschalter umsonst betätigen, bevor der gewünschte Effekt eintritt.

Ich verabscheue die Kombination von fixen Lichtschaltern und Relaisschaltern, weil dies doch unweigerlich zu Folge hat, dass

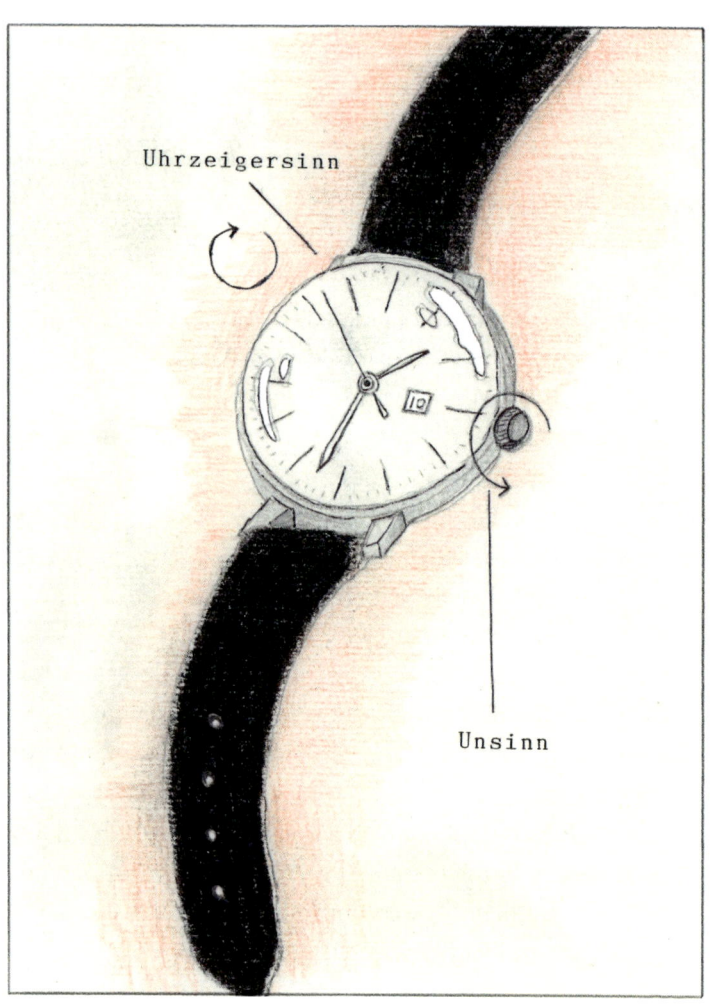

Uhrzeigersinn

Unsinn

nach Benutzung eines Relais immer wieder erratisch Licht an- und ausgeschaltet werden muss, weil die Aus- und Anstellung nicht mehr an der Stellung des fixen Lichtschalters abgelesen werden können.

Klassische Drehlichtschalter drehe ich grundsätzlich rechts- herum – egal ob das Licht an- oder ausgeschaltet wird. Ein Hin- und Herdrehen bereitet mir physisches Unbehagen, weil ich meine, den Lichtschalter ächzen zu hören, ganz so, als würde ich Haare gegen den Strich bürsten. Dies ist für mich genauso, als wenn jemand eine analoge Armbanduhr bei der halbjährlichen Zeitumstellung zurückdrehen würde. Dabei nehme ich ohne Murren in Kauf, dass ich Uhren einmal pro Jahr 23 Stunden vorstellen muss.

Da es beim Einstecken eines 220 Volt Elektrosteckers – insbeson- dere bei einfachen oder alten Stromleisten – zu Funken, Knacken und Knistern kommen kann, wähle ich die Reihenfolge des Ein- steckens stets entlang des potentiellen Gefährdungspotentials. Wenn beispielsweise ein Handy aufgeladen werden soll, wird erst der 220 Volt Stromstecker des Ladegerätes in die Steckdose gesteckt und dann die Verbindung zum Handy hergestellt sowie umgekehrt erst die Handyverbindung und dann der Stromste- cker gelöst. Auch wenn ich mir nicht sicher bin, ob überhaupt eine Gerätegefährdung von einem möglichen plötzlichen Span- nungswechsel ausgeht, ist mir ein vorbeugendes Schonen und über das Problem Nachdenken ein Bedürfnis.

Diese Art von Schonen übertrage ich auch auf die Helligkeits- einstellung von Monitoren, die ich per Hand auf die niedrigste Stufe einstelle, die ein augenschonendes Lesen erlaubt. Eine au- tomatische Helligkeitsanpassung von Geräten entspricht einfach nur selten meinen Empfindungen. Eine Ausnahme bietet eine

Autofahrt im Sommer mit Alpenüberquerung und diversen Tunneln, bei der es zu raschen und extremen Helligkeitswechseln kommt – dort mag eine automatische Anpassung sinnvoll sein, um beide Hände kontinuierlich am Lenkrad halten zu können.

Zahlenspiele

Bei Veranstaltungen mit vielen Menschen übe ich ständig das schnelle Erfassen und Überschlagen von Zahlen. Üblicherweise weiß ich ziemlich genau, wie viele Menschen sich gerade in einem Raum befinden. Eine besondere Herausforderung sind dabei fraktionierte große Räume, wie beispielsweise Konzertsäle mit verschiedenen Ebenen und Emporen. Ich werde daher bedauerlicherweise von manchen als „Dauerrechner" abgetan.

Ich überschlage oder zähle auch die Anzahl der Mitspieler eines Orchesters oder eines Chors beim Konzertbesuch. Dies wird einmal von links und einmal von rechts beginnend durchgeführt, um eine Kontrollfunktion zu haben. Dabei prüfe ich auch, ob Instrumente paarweise, zu viert, zu acht oder gar zu noch größeren Zahlen aufgestellt wurden. Ich stelle dabei immer wieder fest, dass Dirigenten – mir wesensähnlich – anscheinend Formationen mit gerade Zahlen bevorzugen. Wenn ich Ungereimtheiten erkenne, kann ich vermuten, dass bei dem Instrument eine (wahrscheinlich krankheitsbedingte) kurzfristige Absage stattgefunden haben muss.

Ich merke mir meine Parkplatzebene und die Parkplatznummer sofort, damit ich das Auto flink und ohne Herumirren wiederfinde. Diese Aufmerksamkeit widme ich natürlich in gleichem Maße auch Hotelzimmernummern und Stockwerken. Ich präge mir wohlweislich auch die Lage der Notausgänge ein – nicht, weil ich von übermäßigen Ängsten geplagt bin, sondern weil ich einfach gerne perfekt vorbereitet bin.

Auch wenn Sie jetzt entgegnen, dass die Parkplatznummer und -ebene mittels eines Fotos per Smartphone und das Orten des

516 + ich

(517)

Fahrzeuges durch eine der vielen Apps mit GPS viel effektiver zu bewerkstelligen sind, so sind das aktive Einverleiben der Umgebung und das Gedächtnistraining der von mir angestrebte Weg.

In meinem Portemonnaie kann ich verschiedene Ordnungsaspekte ausleben. Neben der Selbstverständlichkeit, dass größere Scheine hinten und kleinere Scheine vorne aufbewahrt werden (und sich daher kleine Scheine nicht hinter großen Scheinen verstecken können), werden stets die Vorderseiten der Scheine nach vorne gewendet. Als drittes Ordnungsprinzip werden ältere, schon etwas verknitterte oder unansehnliche Scheine innerhalb des gleichen Wertes nach vorne bugsiert, damit diese als Erstes wieder ausgegeben werden und so immer möglichst lange viele saubere, neuere Scheine beim Bezahlen ein kurzes Lächeln auf mein Gesicht zaubern.

Ich weiß zu jedem Zeitpunkt ziemlich genau, wie viel Geld sich in meinem Portemonnaie befindet. Ich steuere die Aufteilung der Geldscheine und Münzen nach der Wahrscheinlichkeit des Ausgebens und wechsele rechtzeitig größere Scheine. Umgekehrt mag ich zu viele Münzen nicht, die das Portemonnaie schwer machen und die Hosentaschen ausbeulen, und gebe daher das Kleingeld zuerst aus. Dies gilt in heutigen digitalen Zeiten umso mehr, in denen man nicht einmal mehr reichlich Kleingeld für Parkuhren oder gar Telefonzellen benötigt.

Im Laden oder Restaurant habe ich zu jedem Zeitpunkt der Bestellungen – für ein bis vier Personen – einen Überschlag parat und weiß die ungefähre Gesamtsumme. Dies erscheint mir besonders nützlich, wenn die Summe hinterher getrennt bezahlt werden soll. Es macht mir Spaß, immer wieder zu üben, möglichst nahe an die reale Summe heranzukommen, und ich

(4)

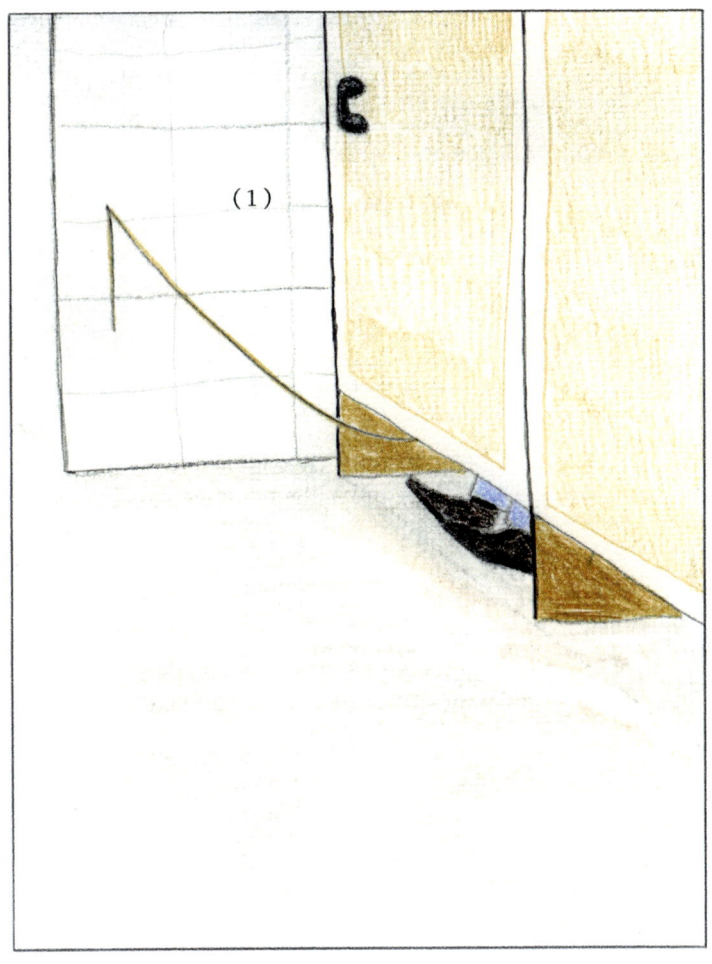

（1）

brauche meist kaum noch auf die Rechnung zu schauen, wenn ich das Geld zum Bezahlen vorbereite.

Ich verabscheue unerwartete Überraschungen, die ein nachträgliches Nachrechnen erforderlich machen, und erkenne an einer Differenz zwischen meiner Voraussage und dem Betrag auf der Rechnung auf einen Blick einen Fehler von Seiten des der Kellner*innen. Ein weiterer Vorteil ist, dass ich die Höhe des Trinkgeldes abschätzen kann und auch hier in Bezug auf Wechselgeld vorbereitet sein kann, wenn – wie immer häufiger – Trinkgeld nicht mehr auf die Kartenzahlung aufgeschlagen werden darf.

Notabene Zahlen: Meine Weckzeiten wähle ich nach Originalitätsgesichtspunkten und nicht nach dem schlafoptimierenden besten Zeitpunkt aus. Ich bevorzuge beispielsweise 06:06, 14:14 oder 20:20 statt der üblichen Viertelstundeneinteilung.

Über die verschiedensten Dinge führe ich Listen, beispielsweise über die von mir im Laufe seines Lebens besuchten Kulturveranstaltungen, und muss eingestehen, dass andere Autoren diese Eigenschaft sogar längst zu Buch gebracht haben, wie in „Schotts Sammelsurium".

Waschen und Bügeln

Eine Frage, die sich mir beim Aufhängen von frisch gewaschenen Handtüchern oder gar von Bettwäsche jedes Mal aufdrängt, ist, ob die beiden Stirnseiten gleich lang über die Leine oder den Ständer fallen sollten und somit dem Blick auf ein ordentlich gefaltetes Handtuch Genüge getan wird oder nicht vielmehr eine Seite bewusst länger gewählt wird, damit die Belüftung und Trocknung des Handtuches wirkungsvoller gewährleistet sind, wenn zumindest ein Teil des Handtuches kein feuchtes Gegenüber bedeckt.

Ich bin mir stets bewusst, dass ich mich dabei auf einem schmalen Grat bewege und leicht ein Übergewicht der schwereren, längeren Seite entstehen kann. Dann könnte das Wäschestück in Bewegung geraten und alle Bemühungen rutschartig zunichtegemacht werden. Ich wähle daher einen dem Feuchtigkeitsgrad und der Schwere des Handtuchs angemessenen Kompromiss einer Verlängerung der einen Seite.

Ähnlich wie beim Thema Handtuchaufhängen muss ich mich des Öfteren entscheiden, ob der Ordnung oder aber dem Verwendungszweck der geplanten Handlung in meinen Planungen der Vorzug gegeben wird. Bei mir überwiegt dabei meist die Funktionalität – wodurch ich mich immer wieder freudig bestärkt fühle, dass ich mit der medizinischen Definition einer Zwangspersönlichkeit wenig gemein habe.

Wäsche trockne ich bei passendem Wetter gerne draußen. Dabei richte ich meinen Wäscheständer nicht nur nach der Sonneneinstrahlung aus (flächige Seite zur Sonne gedreht), sondern auch nach der Windrichtung (so dass der Wind zwischen die

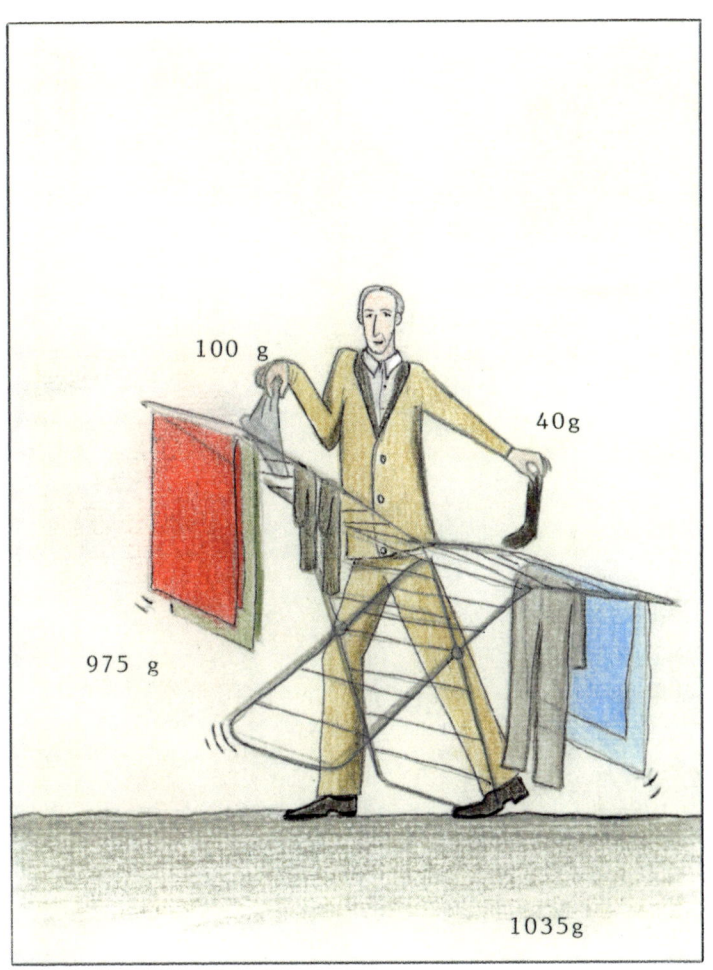

100 g

40g

975 g

1035g

Reihen wehen kann). Eine Wäschespinne drehe ich schrittweise im Vorbeigehen ein Stückchen im Uhrzeigersinn weiter, um eine wechselnde Einstrahlung und Belüftung zu erzielen.

Geeignete Maßnahmen, nach dem Waschen das spätere Bügeln von Hemden zu erleichtern, sind das Ausstreichen der Kanten, insbesondere der Knopfleiste und deren Konterpart, als auch das Strammziehen der durch die Wäsche schrumpelig gewordenen seitlichen Nähte des Hemdes zwischen zwei Fingern der einen Hand unter Gegenhalten der anderen Hand. So werden Zeit und Falten eingespart.

Das Bügeln – gerade von Hemden – geht darüber hinaus leichter von der Hand, wenn zum Zeitpunkt des Bügelns eine kleine Restfeuchte vorhanden ist. Dies erfordert eine Wetter- bzw. Luftfeuchte und vor allem Wind-angepasste Planung der gesamten Prozedur. Es gilt, die Variablen, nämlich den Wasch-, den Trocken- und den Bügelzeitpunkt, jedes Mal in ein optimales Verhältnis zu bringen. All diese Überlegungen führen dazu, dass ich nur wenige Menschen meine Hemden bügeln lassen kann.

Natürlich weiß ich, dass der Einsatz von Dampfbügeleisen einen großen Teil von Zeit einsparen und Gedankenlosigkeit ausgleichen kann. Dagegen kann ich natürlich auch nicht wirklich etwas einwenden. Ich bedaure nur, dass hektische Menschen mit wenig Zeit und einer „Husch-husch-Mentalität" solche Überlegungen gar nicht erst anstellen.

Ich liebe quadratische Wäschestücke wie beispielsweise Taschentücher oder Stoffservietten und achte beim Aufhängen zum Trocknen, dass die Wäschestücke so über die Leine gehängt werden, dass sie nicht zu einem Trapez mutieren, sondern die

Kanten exakt übereinanderliegen und so der folgende Bügel- oder Mangelvorgang mühelos gewünschte Perfektion liefert.

Weihnachten

Falls wir uns gerade im Advent befinden, sei mir ein kleiner Vorausblick auf Weihnachten zugestanden: In der Weihnachtszeit gewinnt das Thema Kerzen natur-, kultur- und wettergemäß an Bedeutung. Ich könnte mich niemals mit elektrischen Kerzen anfreunden. In Analogie zu den Seifenstücken kaufe ich Kerzen in größerer Zahl im Voraus, damit sie mit der Zeit durchhärten und langlebiger werden. Sie werden entsprechend der Länge der Lagerung eingesetzt, was leicht zu bewerkstelligen ist, weil ich mit diesem Einkauf meist ein Jahr vorauseile.

Die Kerzen am Tannenbaum zünde ich von unten nach oben an und puste sie von oben nach unten aus, weil ich weiß, dass durch die höhere Temperatur im oberen Bereich des Zimmers die Kerzen schneller abbrennen und unten langsamer. Einen größeren Einflussfaktor auf die Brenndauer, die meine sonstigen Überlegungen fast nebensächlich werden lassen, bietet Zugluft, die auch so zart sein kann, dass sie vom Menschen nicht wahrgenommen wird.

Wenn die Weihnachtsbaumkerzen nicht in einem Rutsch bis zu ihrem Runterbrennen benutzt werden, sondern zwischenzeitlich ausgemacht werden, puste ich die Kerzen absteigend nach der Länge der Kerzen aus bzw. zünde sie umgekehrt so an, um zu gewährleisten, dass die Kerzen möglichst lange gleichmäßig brennen können – selbst, wenn nur einige Sekunden dazwischenliegen sollten.

Bevor ich bereits benutzte Kerzen wieder anzünde, breche ich lange Dochte ab, damit die Flamme nicht so schnell hoch brennt und sofort rußen könnte. Dickere, bereits oft benutzte Kerzen

biege ich nach dem Weichwerden am oberen Wachsrand etwas zur Mitte, damit der Rand schmelzen kann und tiefe Kraterbildungen hinausgezögert werden. In diesem Sinne zünde ich dicke Kerzen auch nur an, wenn ich weiß, dass sie lange brennen werden.

Ein unlösbares Problem bei allen Kerzen (insbesondere aber bei dickeren) ist, dass sich die Dochte unweigerlich zu einem Halbrund verbiegen und dadurch nicht „mittig" Wärme abgeben, mit der Folge eines asymmetrischen Schmelzens des Randes – bis hin zum Auslaufen der Kerzen an dieser Stelle. Da Geradebiegen nicht funktioniert, bleibt nur ein Kurzhalten des Dochtes. Welches Instrument benutzen Sie eigentlich zum Dochtschneiden? Haushaltsscheren müssen ständig von Wachs und Ruß befreit werden. Hilfe bieten etwas angestaubt wirkende Dochtschneider, die aber schnell in einer Schublade verschwinden müssen, da sie stilistisch angreifbar sind.

Stollen oder selbstgebackene Kekse in der Weihnachtszeit zu verschenken führt meiner Meinung dazu, dass jeder immer das verschenkt, was er gerne mag, aber das essen muss, was er (vielleicht) nicht so gerne mag …

Reisen

Bisweilen gehe ich – dienstlich oder privat – auf Reisen. Genauso wie ich selber keinerlei finanzielle Schulden ertrage, gilt dies auch für Dinge wie meinen Jahresurlaub. So entsprechen 30 Tage Urlaub pro Jahr einer Woche Urlaub pro zwei Monate Arbeiten. Mein Urlaub wird daher so geplant, dass keine Schulden entstehen, mit der Folge, dass ich regelmäßig und eher in kleineren Portionen Urlaub mache.

Es ist fast überflüssig zu erläutern, wie ich meinen Koffer packe. Selbstverständlich bilde ich klare Stapel und ordne beispielsweise Oberhemden in der Reihenfolge des vermutlichen Einsatzes. Auf diese Weise müssen die Hemden nicht täglich innerhalb des Stapels hin und her getauscht werden, was ein vermehrtes Knittern unausweichlich machen würde.

Als weiteres Ordnungsprinzip stapele ich die Hemden für offizielle Anlässe nach oben, weil die unteren zusammengelegten Hemden stärker komprimiert werden und eher faltig werden können, was bei Freizeithemden wiederum keine so große Rolle spielt. Mein Wunsch ist, dass der Koffer auch am Ende der Reise fast genauso aussieht wie bei Beginn. Hierbei ist ein Extra-Schuhbeutel hilfreich, der für die benutzte Wäsche mitgeführt wird.

Ich packe meine Gepäckstücke im Flugzeug in die oberen Ablagefächer so, dass auch für andere Platz bleibt, also meist quer zur Flugrichtung, während manche egoistischen Menschen Platz nach vorne zum Gang verschenken, in dem sie ihre Gepäckteile gedankenlos längs zur Flugrichtung und genau über ihrem Sitzplatz hineinfallen lassen und so links und rechts Platz lassen, der für kein weiteres Gepäckstück Platz lässt.

Bei der Getränkebestellung bei den Flugbegleiter*innen sage ich sofort exakt und vollständig meine wenigen Wünsche, also z. B. „Sprudel" oder „stilles Wasser" statt nur „Mineralwasser" oder im Falle von „Kaffee" gleich mit/ohne Milch und Zucker bzw. „Tomatensaft" mit/ohne Pfeffer und Salz, damit die Flugbegleiter*innen nicht unentwegt nachfragen müssen, was für sie lästig ist und die Geschwindigkeit der Versorgung für alle behindert.

Ich wundere mich, dass Mitreisende keinen Lerneffekt zeigen, auch wenn jemand in der nächsten, hörbaren Umgebung die Bestellung „richtig" aufgibt. Allerdings bin ich immer wieder freudig erstaunt, dass die meisten Flugbegleiter*innen auch bei hartnäckigstem Nachfragen ihre Kontenance nicht verlieren und einen anlächeln, als wäre man der erste und einzige Fluggast.

In einem Urlaubsort mit Sanddünen angekommen, spreche ich selber von einem Alltags-Anankasmus für Fortgeschrittene und weiß, dass meine folgenden Überlegungen und Bemühungen Gedanken sind, die am weitesten von den Aspekten entfernt sind, bei denen meine mir scheinbar Mitgefühl signalisierende Umgebung behauptet, dass sie das von sich auch kennen.

Ich versuche beim Hochgehen eines Sandhügels oder einer Sanddüne intuitiv bei jedem Schritt etwas Sand mit nach oben zu befördern oder zu bewegen, was eine schlurfende, Sandfontänen erzeugende Gangart erfordert. Diese Anstrengungen dienen dazu, dem permanenten – der Schwerkraft folgenden – Abwärtstrend der Sandbewegungen, die doch zwangsläufig zu einem langfristigen Verschwinden der Düne führen müssen, entgegenzuwirken.

Leider ist es mir klar, dass mir beim Hinuntergehen von einem Sandhügel ein komplett vergebliches Unterfangen bevorsteht.

Hier ist es auch mir nahezu unmöglich, die Zerstörung der Natur durch den Menschen wesentlich zu verzögern, ohne eine komplett lächerliche und sich selbst behindernde Gangart anzunehmen. Deshalb versuche ich kompensatorisch beim Hinaufgehen einen überdurchschnittlichen Anteil Sand in die richtige Richtung zu bewegen.

Im Hotel schlage ich meine Bettdecke beim Verlassen des Hotelzimmers locker zu, weil ich es als despektierlich empfinde, den Hotelmitarbeitern so viel Persönlichkeit wie ein in meinen individuellen Formen verknittertes Kopfkissen oder eine Bettdecke zuzumuten. Aus diesen Gründen lasse ich zuhause auch nie eine Reinigungskraft mein Bett machen. Bei gegebener Hörweite schließe ich die Badezimmertür beim Rasieren. Diese Diskretion scheint in exhibitionistischen Social-Media-Zeiten nicht mehr selbstverständlich. Außerdem entferne ich Zahnpastareste (und erst recht Anderes), bevor die Reinigungskraft tätig wird.

Das Hotelzimmer hinterlasse ich bis zum Schluss so, als wenn (fast) niemand darin geschlafen hätte. Ich benutze im Falle eines Doppelbettes auf keinen Fall das zweite Bett und lege auch keinerlei Gegenstände auf diese unbenutzte Bettdecke, weil ich hoffe, dass das Zimmermädchen die nicht benutzte Seite vielleicht doch nicht verschwenderisch neu beziehen könnte, obwohl ich weiß, dass dies sehr wahrscheinlich von der Hotelleitung nicht geduldet wird.

Außerdem kann das Personal möglicherweise nicht auf Anhieb erkennen, dass der Bereich wirklich nicht benutzt wurde, da es mich nicht kennt und sich wahrscheinlich nie in die Welt eines Alltags-Anankasten hineingedacht hat. Dieselbe Hoffnung lasse ich mir im Hotel auch in Bezug auf bewusst unbenutzte Handtücher und Bademäntel nicht nehmen.

Wüste Ordnung

Fragwürdig erscheint es mir, dass sprachlich im Hotelservice immer noch die infantile und weibliche Form für die Bezeichnung der „Zimmermädchen" vorherrscht, während beispielsweise dem Beruf des „Zimmermanns" die männliche und Erwachsenen-Form zugeordnet wird.

Ich hänge im Hotel mein „Bitte Saubermachen"-Schildchen auch dann abends vor die Tür, wenn ich weiß, dass ich so früh das Zimmer verlassen werde, dass es bis dahin nicht bemerkt werden kann.

Die Tragik von vergeblichen Bemühungen, meinen Aufenthalt im Hotel zu verwischen, tritt bei dem Versuch, möglichst wenig DNA-Spuren zu hinterlassen, besonders schmerzlich zu Tage. Mir ist bewusst, dass solche Anstrengungen heutzutage albern bis grotesk anmuten müssen und sich deshalb nur auf meine Höflichkeits- und Ordnungsaspekte beschränken werden.

Abends zuhause

Ich hebe gerne Dinge auf – vor allem, wenn diese eine bestehende Sammlung sinnvoll erweitern oder gar eine neue, hoffnungsvolle Sammlung eröffnen können. Dies gilt auch für Eintrittskarten oder Jahreskalender, die ordentlich und chronologisch geordnet als Nebeneffekt eine teilweise Rekonstruktion meines Lebens erlauben oder einfach bestimmte Ereignisse und Lebensabschnitte Revue passieren lassen können.

An (aus Feinstaubschamgründen seltenen gewordenen) heimeligen Winterabenden wird das Holz beim abendlichen Kaminfeuer von unten nach oben dicker werdend mit je zwei Holzstücken im ungefähr 20 cm Abstand im rechten Winkel gestapelt, damit eine symmetrische, lockere Stapelung entsteht und zirkulierende Luft das Feuer rasch zum Lodern bringt. Es ist mir immer wieder wichtig zu betonen, dass bei aller Ordnung die Funktionalität eine wesentliche Rolle spielen muss. Nur eine Kombination beider Aspekte kann wirklich zu Befriedigung führen.

Dass ich feine Stapel von gehacktem Kaminholz erstellen möchte, wird Sie natürlich nicht erstaunen. So stapele ich in die gewünschte Größe gehacktes Feuerholz akribisch im Holzschuppen und trimme die Vorderkante (mit der Rückseite der Axt) zu einer geraden Fläche, so dass selbst ein Blick schräg von der Seite eine einheitliche Fläche garantiert.

Am Kamin sitzend weiß ich ungefähr, wann ich ins Bett gehen werde, und daher terminiere ich das Feuerholznachlegen so, dass die im optimalen Zeitpunkt zurückbleibende Restglut – trotz der Verfügbarkeit eines Schutzgitters – keine Gefahr mehr für meine Wohnung darstellt.

Ich habe für mich mehrere Male überlegt, in welcher Lage ich schlafen sollte: (a) auf dem Rücken, weil es am entspannendsten ist, aber wegen eines mit dem Alter zunehmenden Schnarchens nicht gesundheitsförderlich und schon gar nicht sozial kompatibel ist; (b) auf dem Bauch, dann liegt der Kopf auf einer Seite, was bei Rückenproblemen zu morgendlichem steifen Hals führt, oder (c) auf der Seite, wobei aber die eine Schulter, die sich in die Matratze drückt, über Gebühr belastet wird und ein steter Wechsel nötig ist, um symmetrische und schonende Liegedauern zu erreichen. Da die Lage nach dem Einschlafen sowieso nicht mehr andauernd kontrollierbar ist, habe ich mich für die Seitenvariante entschieden.

Um chronische Eindellungen zu verhindern, drehe ich meine Matratze von Zeit zu Zeit um 180 Grad längs, aber auch von einer Seite auf die andere Seite, so dass vier Möglichkeiten der Benutzung möglich sind. Dies erfordert eine Matratze, die eine symmetrische Benutzung vorsieht und nicht beispielsweise durch eine vorgegebene Sommer- oder Winterseite die Wahlmöglichkeiten von vornherein einschränkt.

Das Zu-Bett-Gehen und damit Ausklingenlassen des Tages gestalte ich oft etwas ordnungsfreier – nein, ich baue sogar bewusst Zufälligkeitsszenarien ein. Ich mag es nicht, wenn die Einschlafphase durch Optimierungsgedanken gestört wird. Auch das Alltags-Anankasten-Sein sollte Ruhephasen zulassen und locker von der Hand gehen.

Inwieweit all meine Gedankenspiele auch für mein Lebensende gelten oder übertragbar seien könnten, schiebe ich gern ein klein wenig vor mir her, zumal ich sie sowieso nicht wirklich beeinflussen kann …

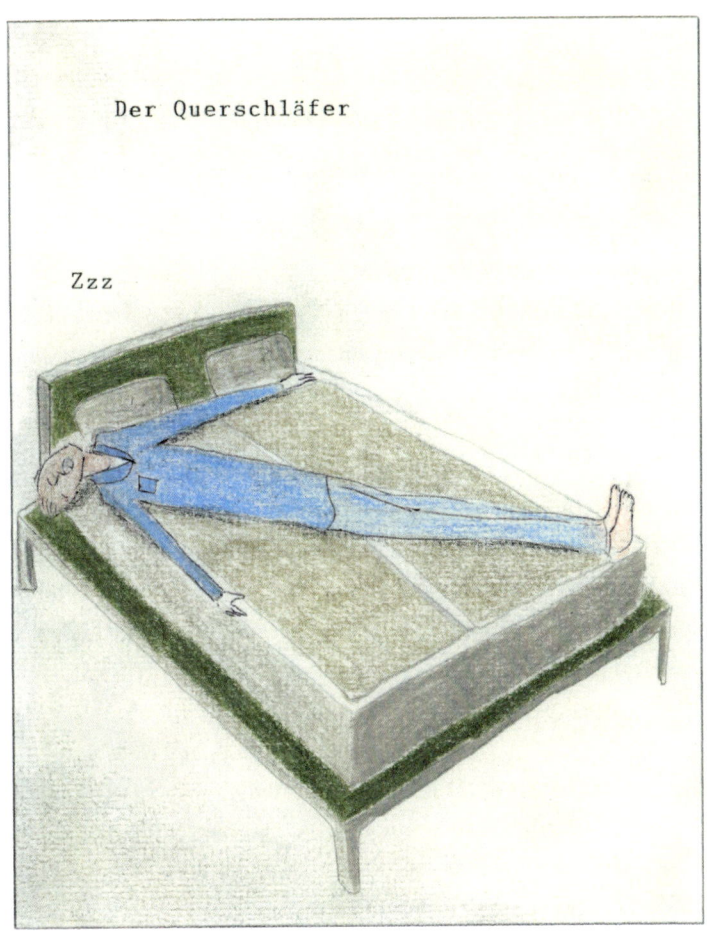

Epilog

Liebe Leser*innen,

ich glaube, Sie haben mich jetzt ein bisschen näher kennengelernt. Ich möchte Ihnen daher das vertrautere „DU" anbieten! Also – es kann sein, dass auch Du mir, wenn wir uns begegnen, sagen wirst: „Das kenne ich" oder „Davon habe ich auch etwas". Aber bitte freue Dich nicht zu früh – es handelt sich beim Alltags-Anankasmus nicht um irgendetwas wie „Ordnung in der Wohnung halten" oder bestimmte „Vorlieben", sondern um ein ganzheitliches Innerstes, das keine Halbheiten zulässt. Ich benutze als Beschreibung gerne den Begriff „kopfgesteuerte Detailverliebtheit".

Es ergeben sich also die Frage und gleichzeitig die Schwierigkeit sowohl der Grenzziehung als auch der fließenden Übergänge. Kaum eine Grenze ist zwischen dem konsequenten Schonen von Gegenständen und einem (jedem theoretisch geläufigen) nachhaltigen und ökologischen Handeln erkennbar. Eher fließende Übergänge sind – aufgrund seines teilweise etwas spastischen Ordnungssinns – zum Spießertum naheliegend.

Mir ist es extrem wichtig, dass Du verstehst, dass es klare Grenzen und gut unterscheidbare Kriterien zwischen medizinischen Zwangsstörungen und meinem Alltags-Anankasmus gibt. Ich argumentiere, dass der wesentliche entlastende Punkt für mich ist, dass bei mir die Lust am Planen seines Daseins in der gegebenen Umgebung dominiert und ich mit Enthusiasmus an meinen Systemen feile. Zudem kann ich (fast) zu jedem Zeitpunkt meine Prinzipien pausieren lassen oder gar ganz ändern und liebe aktive Kompromissfindungen.

Ich möchte ständig herausgearbeitet wissen und nach außen erkennbar sein lassen, dass es einen Unterschied zwischen (m)einem systematischen Handeln und dem erratischen Handeln des „normalen" Menschen gibt. Das Gegenteil von Alltags-Anankasmus ist nicht Chaos, Unordnung oder Asymmetrie, sondern System- und Gedankenlosigkeit. Den Satz, den ich von Dir nach Lesen dieses Büchleins bitte nicht hören möchte, ist: „Darüber habe ich mir noch nie Gedanken gemacht!"

Es kommt mir dabei nicht darauf an, dass Du mir beweist, dass eines meiner herausevolutionierten Prinzipien nicht optimal oder gar objektiv falsch ist, sondern im Mittelpunkt meines Lebens steht der Akt des „Sich-Gedanken-Machens" und „System-Kreierens". Aber das kannst Du jetzt ja mitentscheiden!

Ein Punkt, den auch Du mich fragen könntest, ist, wie meine Umwelt – insbesondere Familienmitglieder – mich aushalten können. Umgekehrt fragt das komischerweise kaum einer … Ich weiß, dass ein Missionieren nicht nur inhaltlich völlig zwecklos wäre, sondern auch, dass ich es ansonsten mit meinen Mitmenschen verderben würde und ein harmonisches Zusammenleben nur schwierig möglich sein würde.

Es ist mir aber sowieso in jeder Hinsicht lieber, wenn die Umgebung nicht allzu viel von meinen Gedankenwelten erfährt – ohne mich dabei dem Vorwurf des Autismus auszusetzen. Und für mich selber passe ich auf, dass ich nicht zum Misanthropen werde, indem ich mir immer wieder vornehme (und es meistens auch schaffe), mich nicht an den vielen Gedankenlosigkeiten in meiner Umgebung aufzureiben.

Lasse mich jetzt ein bisschen schizophren werden, indem ich versuche, mich abschließend noch in wenig von außen zu

Die anankastischen
Gebote

betrachten. Wenn man positive Seiten von mir hervorheben möchte, könnte man meinen, dass ich durch die beschriebenen Eigenschaften und Systeme vorausschauender, rücksichtsvoller, höflicher, umsichtiger, ökologischer, nachhaltiger und nachdenklicher als manch andere Menschen bin – dann würdest Du aber mit Recht sagen: „Du Angeber!"

Als negative Aspekte könnten ins Feld geführt werden, dass ich aufgrund der Pingeligkeiten als Schnösel und Besserwisser angesehen werden kann. Zumindest belächelt – manchmal aber auch kritisiert – wird von meiner Umgebung, dass ich vielleicht doch hin und wieder automatisch meine Werte und Vorstellungen auf Andere übertrage. Insbesondere durch die Kontrollprinzipien könnte ich damit bestimmend, überheblich und arrogant wirken. Das empfinde ich aber als ungerecht. Für mich persönlich ist es ein Nachteil, dass ich fast alles selber machen muss und eine gewisse Angst vor einem Kontrollverlust habe.

Zum Schluss muss ich mir ein paar Fragen gefallen lassen, die Dir vielleicht auch auf der Zunge liegen: Hat der Alltags-Anankast auch einen inneren Schweinehund, gegen den er immer wieder ankämpfen muss? Steht dies dann erfreulicherweise im Gegensatz zum Anankasten im psychiatrischen Sinne, der gar keine Wahlmöglichkeiten hat? Kann ich überhaupt jemals glücklich sein, da ich niemals eine Vervollkommnung erreiche? Oder ist der Weg mein Ziel?

Ist das Alltags-Anankasten-Sein eine stete Entwicklung, die ich beeinflussen kann? Reicht das Verfolgen eines Prinzips? Muss ich immer an das Zukünftige denken und kann die Gegenwart nicht adäquat genießen? Führt die ständige Entscheidung, etwas (richtig) zu tun oder zu lassen, zu Kreativlosigkeit? Oder ist nicht vielmehr das genauere Eintauchen in Dinge sogar kreativitätsfördernd?

Und schließlich: Wie gehe ich mit der menschlichen Unzulänglichkeit um, d. h. der Diskrepanz zwischen meinen eigenen Ansprüchen und der Wirklichkeit in meinem Handeln? Bin ich deshalb des Öfteren von mir selbst enttäuscht? Ist ein Scheitern also vorprogrammiert? Oder umgekehrt, bin ich froh, Prinzipien folgen zu können, wie einem Idol-, als vermeintlich „guter Mensch" besserwisserisch stolz und selbstgefällig? Besteht zumindest die Gefahr dazu? Schwanke ich daher als Alltags-Anankast nicht ständig zwischen Selbstüberschätzung und Melancholie?

Dieses Büchlein möchte, dass am Ende viele Fragen bei Dir angeregt und nicht vermeintlich richtige oder falsche Vorgehensweisen suggeriert werden.

Ich habe übrigens vergessen zu erwähnen, dass mir gegenüber K. Oht wohnt – aber über den wollte ich auch bewusst nicht sprechen. Wir vertragen uns nicht gut. Wir sind viel zu unterschiedlich, um nicht zu sagen – gegensätzlich. Und ich weiß ja von Dir bis jetzt nicht, auf welche Seite Du Dich letztendlich schlagen wirst …

Bodo Niggemann

Ines Schmidt
Am Leben Sein

164 Seiten
13,5 x 20,5 cm
Softcover mit Klappen
ISBN: 978-3-946732-20-4
19,90 € (D)

Die Diagnose ALS erhielt Paul im Alter von 17 Jahren. In den Jahren des Leidens nutzte er seine besonderen musikalischen Begabungen, seine künstlerischen Ambitionen und seine mentale Stärke und hinterließ damit wunderbare Spuren. Seine außergewöhnliche Geschichte, begleitet von seiner Musik auf einer Audio-CD und den „Ansichten eines Sterbenden" in den zahlreichen Fotos, eröffnet einen besonderen Blick auf das Leben, unser Leben und das Sterben.

Dennoch bleibt die Geschichte nicht bei Pauls Leidensweg stehen, sie steht gleichsam vertretend für alle sterbenskranken Menschen, die trotz ihres außerordentlich großen Leides immer wieder Kraft schöpfen und ihre Energien freisetzen, und die liebevoll begleitet werden von ihren Nächsten. Themen wie Leid, Mitgefühl, Würde, Leben, Sterben und Spiritualität rücken dabei unweigerlich in den Fokus der Betrachtung. Am Ende steht eine alles entscheidende Konsequenz, die wir Erdenbürger unser gesamtes Leben lang nie vergessen sollten:
DIE LIEBE IST DER SINN UNSERES LEBENS!

LESETIPP!

Gösta Lerch †
St(r)icheleien

136 Seiten
14,8 × 21 cm
Hardcover
ISBN: 978-3-943168-47-1
14,90 € (D)

Eine St(r)ichelei führte den in der DDR renommierten Presse-
zeichner Gösta Lerch ins politische Abseits: Nach neunjähriger
Zusammenarbeit kündigte die Zeitschrift „Wochenpost" seinen
Vertrag aus heiterem Himmel – mit viereinhalb Zeilen. Vor dieser Zeit hatte er als Bote für die von der Roten Armee herausge-
gebene „Tägliche Rundschau" gearbeitet. Nach der Wende erlebte
Gösta Lerch bei der „Berliner Zeitung" ein kurzes Comeback
als Karikaturist.